高效焦慮法

讓焦慮啟發正念思維，
重置你的人生推進器

Future Tense

Why Anxiety Is Good for You
(Even Though It Feels Bad)

Tracy Dennis-Tiwary

崔西·丹尼斯－蒂瓦里——著　洪慈敏、陳雅馨——譯

只要我們願意接受焦慮的不適感，傾聽它的教導，
就能變得更有創造力，無論是在創作藝術作品，
還是在想晚餐要煮什麼。

09 孩子們並不脆弱 200
面對孩子的焦慮，我們太常以適應和過度保護去回應。
這麼做是出於好意，因為我們認為孩子很脆弱，但這是錯的。
當我們不再害怕孩子和自己的焦慮時，
就可以幫助他們成為堅強又有韌性的人。

10 以正確的方式焦慮 235
如果你讀到這裡，代表你已經改變了對焦慮的看法。
是時候做出行動了。

謝辭 262

註釋 272

一位有名的哲學家曾經寫道：「學會了用正確的方式面對焦慮的人，就學會了終極之道。」[1]

慢著，面對焦慮還有分正確和錯誤的方式？這聽起來又是一件讓人感到焦慮的事。

不過，我視為焦慮守護神的丹麥哲學家齊克果（Søren Kierkegaard）倒是說到了一個重點。

你很討厭感到焦慮。我也是，大家都是。這種情緒使人苦惱、沉重和衰弱。因為這個原因，我們都忽略了齊克果想說明的道理：焦慮想要成為我們的朋友，想要被理睬、承認、傾聽、珍惜和關注。它感覺很糟，因為它試著告訴我們很重要卻忠言逆耳的事，就像好朋友經常會做的一樣。如果我們願意傾聽，而不是在焦慮來臨時逃跑並躲起來，我們的人生會好過很多。

逃跑並躲起來有什麼錯？焦慮難道不是個人的失敗，代表我們和我們的生活出了問題，需要解決和根除嗎？但事實上，從來沒有人能根除焦慮，感謝老天，否則會是災難一場。

這本書的主角是一種情緒，它的故事痛苦又強大、可怕又有趣、令人筋疲力盡又活力十足，而且不完美。和人生一樣。和身為人一樣，因為只要身為人就是如此。如果你讀了這本書，我相信你會對焦慮改觀。就像著名的魯賓之杯（Rubin's vase）錯視圖：一開始你會看見一個花瓶，但放鬆目光之後，兩個隔著花瓶形狀的空間對視的側臉就會浮現出來。

要實現這種典範轉移（paradigm shift），讓焦慮成為我們的朋友和盟友，不能只靠一連串的練習和介入。這不僅僅是由我來告訴你，焦慮爛透了（儘管它有時的確如此），並描述二十件你可以做的事來讓感覺變好；也不是由我來告訴你，要美化焦慮，或相信你需要焦慮才能有生產力、創造力或登峰造極——別這麼做，你要的是對焦慮產生新看法，一套全新的信念、見解和期望，讓你能夠探索焦慮、從中學習，並利用它來發揮自己的優勢。建立新的心態不會把焦慮修理好，因為焦慮情緒沒有壞掉，壞掉的是我們處理焦慮的方式。創造新的心態是最好也是唯一能夠修補的手段。本書唯一的目的就在此。

希望聖人齊克果能認同。

PART 1

我們需要焦慮

1 焦慮是什麼與不是什麼

史考特・帕拉辛斯基（Scott Parazynski）醫生和他的太空梭機組成員正以每小時一萬七千五百英里的速度離開地球大氣層，目的地是國際太空站，它是一個科學中心，是探索太陽系的墊腳石，也是太空中最大的人造物體。對許多人來說，國際太空站象徵人類成就的巔峰。

在二〇〇七年執行那場任務時，史考特已經是完成了四次太空梭飛行和幾次艙外活動（太空漫步）的老手。從美國太空總署退休後，他成為第一個既飛上太空又登上聖母峰的人。他是一個樂於接受風險的人，但這次的任務帶有額外的沉重負擔：這個任務因為哥倫比亞號（Columbia）太空梭災難而延遲了三年，而在那場災難中，太空船在重新進入大氣層時解體，七名機組成員全數罹難。

然而，對史考特和他的小組而言，這項任務值得冒險。他們將運送和安裝國際太空站的一個關鍵零件，它將連接和聯繫太空站內的美國、歐洲和日本太空實驗室，提供額外的動力和維生系統，並大幅擴充其規模和能力。

進行了一星期的新安裝和例行維修後，事情有了意想不到的發展。史考特和一名組員剛剛裝好兩塊巨大的太陽能發電板，當板子第一次打開和延伸時，一根導絲卡住了，造成兩道大裂縫。這是一個嚴重的問題，因為板子無法完全展開並產生足夠的能源運作。

為了讓史考特修補損壞的太陽能板，小組必須臨時使用一條極長的纜索，將史考特綁在一根吊桿的末端，然後再用纜索將他的腳與國際太空站的機械手臂末端相連。他懸掛在吊桿上，花了四十五分鐘沿著太陽能電池翼移動九十英尺，抵達損壞的面板。他運用身為外科醫生的技術辛苦地剪斷導絲，並加裝穩定器以強化結構。

經過了令人緊張萬分的七小時後，任務圓滿達成。國際太空站的組員和地球上的團隊在修好的面板完全延伸時爆出熱烈歡呼。史考特有一張照片看似在發光的橘色翼板上飛行，象徵了無畏的太空探索。據說他的事蹟啟發了電影《地心引力》（*Gravity*）置生死於度外的太空船修理橋段。

在這項壯舉過了近八年後，我有幸能在紐約市魯賓藝術博物館（Rubin Museum of Art）腦波計畫的舞台上與史考特談話，高大、金髮、粗壯的他，活脫脫就是一九五〇年代的美國英雄。他的舉止也是，帶著輕鬆的笑容和真誠的謙虛。

我問史考特，那天他是怎麼保持冷靜的？他和虛空之間只隔著一件太空衣，甚至肩負著任務的命運，他成功的祕訣是什麼？

答案是：焦慮。

▼焦慮和恐懼

我可能不需要告訴你，焦慮是什麼。

它是一種基本的人類情緒，自智人直立行走以來便一直陪伴著我們。焦慮會活化我們的神經系統，讓我們緊張不安、七上八下、心跳加速和思緒奔騰。「焦慮」（anxiety）一詞源自於拉丁文和古希臘文的「窒息」、「痛苦地壓縮」和「不安」，暗示著它在身心兩方面都令人不舒服——喉嚨裡有腫塊，身體因恐懼而癱瘓，思想因猶豫不決而凍結。直到十七世紀，這個詞才在英文中被普遍用來形容今日被視為焦慮的種種想法和感受，意即面對不確定的情況時所產生的擔心、懼怕、憂慮和緊張。

你經常知道自己焦慮的原因：你的醫生打來，想幫你安排切片檢查；你即將上台，在五百名陌生人面前發表職涯演說；你打開一封來自國稅局的信，通知你，他們正在查你的稅。但在其他時候，我們的焦慮難以捉摸，沒有任何明確的原因或焦點，它就像令人抓狂、響個不停的警報，這種虛無飄渺的焦慮顯示出有事情不對勁，但我們卻找不到哪裡在嗶嗶叫。

不管是籠統還是具體，焦慮是我們覺得某件不妙的事可能發生但還沒發生時自然會產生的情緒。它有兩個關鍵要素：身體的感覺（不舒服、緊繃、激動）和腦袋的思想（憂慮、恐懼、擔心危險即將來臨）。把兩者加在一起，就能明白為什麼焦慮讓人窒息。**我該去哪裡？我該怎麼辦？我如果左轉或右轉會更糟嗎？我乾脆擺爛或消失算了。**

焦慮不但是身體的一種感覺，也是思想的一種品質。當我們焦慮時，注意力會限縮，變得更專注和注重細節，卻往往見樹不見林。正面的情緒恰恰相反：讓我們的視野變得寬闊，抓住要點而非細節。焦慮也容易讓我們的腦袋動起來，擔心負面的可能性並做好準備。

雖然我們的焦慮體驗通常由恐懼支配，但當我們想要某個東西時，也會感到焦慮：我迫不及待地登機，度過遲來的海灘假期，最好不要有延誤或下雨！這種焦慮是對理想未來的興奮戰慄。然而，我並不會太期待去參加一年一度的節日派對，因為肯定又是同樣的人馬喝得醉醺醺，我早就知道去了會不開心。但不管焦慮來自於懼怕還是興奮，只有在預期並關心未來發展時，我們才會變得焦慮。

為什麼焦慮和恐懼不一樣？我們經常交替使用這兩個詞，因為它們都會引發不安和「戰鬥／逃跑」反應——腎上腺素激增、心跳加速和呼吸急促。焦慮和恐懼都會使我們的思維陷入類似的狀態：高度專注，在意細節，隨時做出反應，我們的大腦已經準備好，身體也等著採取行動，但焦慮與恐懼還是不太一樣。

最近某一天，我在整理閣樓的舊箱子時，手突然碰到一個溫熱、毛茸茸又會動的東西。我以自己想像不到的速度往後跳，並把箱子推開。根據人類驚嚇反應的研究顯示，我只花了幾百毫秒就做出反應，心跳加速、冷汗直流，比之前更加清醒和警覺。結果，箱子裡的生物只不過是一隻小田鼠。

我對這隻老鼠的反應是恐懼。

我本來是不怕囓齒動物的。我覺得田鼠很可愛，而且是生態系統重要的一部分，但我的恐懼反應才不管我是否覺得老鼠會咬我，恐懼沒興趣討論田鼠的優點或可愛之處，以及我是否真的需要這麼快往後跳。這是一件好事，因為假如箱子裡的生物是一隻蠍子，我的自動反應會很有用處，就像摸到一鍋沸騰的水一樣，我們會反射性地把手抽開以免被燙傷得更嚴重。

我的恐懼是反射性的，對這隻小老鼠來說也是一樣，牠嚇得在箱子裡橫衝直撞，然後躲在角落裡動也不動地怕被發現。不管是我還是小老鼠，在那一刻之前都沒有對不確定的未來感到焦慮。接著，危險突然出現在眼前，我們都自動且迅速地採取了行動來應對（雖然後來我注意到自己對囓齒動物在家肆虐的焦慮，便把牠放生到附近的田野了。）

當然，人類的情感生活比反射性的恐懼、生氣、難過、喜悅和厭惡要來得複雜多了，情緒科學把這些視為基本或原始的情緒，它們通常被認為有生物學的起源，是普遍的表達方式。正如同動物跟我們一樣有這些情緒，某些感受就是如此基本。

除了反射性的情緒，人類還有複雜的情緒，包括悲痛、後悔、羞恥、憎恨，以及焦慮。基本情緒會建構出複雜情緒，而後者超越了本能，比較不會自動產生，也比較容易透過思考來擺脫。當我下一次在閣樓把手伸進某個箱子裡時，可能會感到焦慮，不知道會不會又發現一個毛茸茸的小東西，但我可以肯定地告訴自己，這不太可能發生。動物也許不會像人類一樣，體會焦慮這樣的複雜情緒，代表那隻小老鼠無法生動地想像，未來會有巨大的手毫無預警地出現，把牠從安全的巢穴中趕出來。如果牠做得到，牠就是老鼠界的沙特（Jean-Paul Sartre），抱怨「他鼠即地獄」，然後退回牠獨居的箱子，並在等待下一隻手從天而降時，努力應付「存在的焦慮」（existential angst）。不管是哪一種情況，我們都能夠確定這次與我交鋒的經驗，讓牠再次看到手會知道要害怕，而且一旦牠逃到溫暖安全的角落，恐懼就會消失。

恐懼是對當下真正的危險所做出的立即、必然反應，等到威脅解除後就會消失。焦慮是對不確定、想像中的未來感到擔憂並保持高度警戒。它發生在「得知壞事可能發生」和「壞事到來」以及「制定計畫」和「無力採取任何實際行動」之間的空間，而所謂「實際行動」就是像動物一樣戰鬥或逃跑來避開危險。一如前面的例子，我只能等待檢查報告出爐、靜待國稅局審查員是否發現任何違法行為，以及聽聽演講完後的掌聲是熱烈還是稀落。焦慮會存在，是因為我們知道自己正在被緩

焦慮的時間點

健康的焦慮的特點之一，便是預期到未來的可能性後大腦所激發的情緒，且通常會在大勢已定後逐漸消淡。這段夾雜的時間可長可短，且具有明確的觸發原因。然而，如何把握這段時間便足以改變人生。

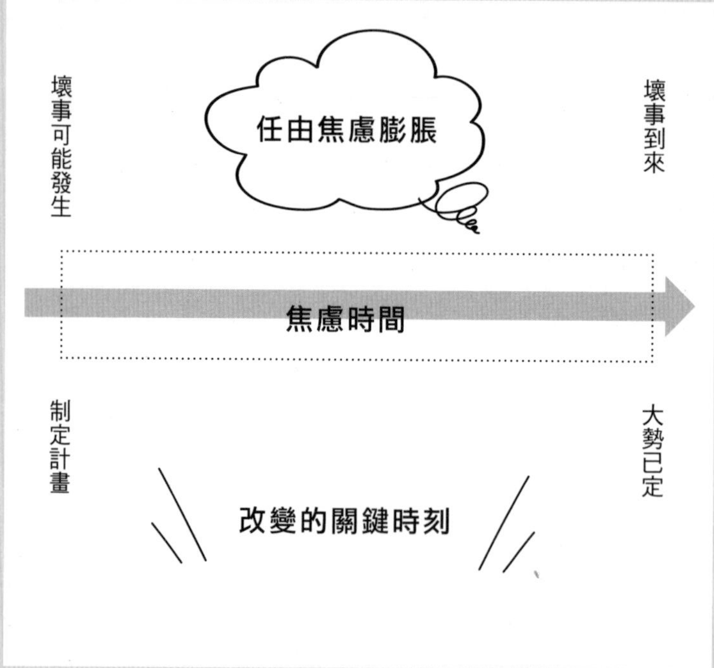

慢、無情地拉入一個不知道會不會快樂的未來，就是這種不確定性讓焦慮難以忍受。

▼焦慮的光譜

日常的焦慮不足為奇，因為我們都經歷過擔憂、不安，有時甚至會恐慌。但焦慮並不是非黑即白，像電燈開關一樣不是開就是關。你可以把焦慮想像成一個上下滑動的調光器，有時速度很快，有時動也不動。低度焦慮經常出現在生活中，就像我們呼吸的空氣一樣，幾乎不會被注意到，但當我們打開門去見新老闆，或是在收拾行李準備開車回家時卻看見外面在下雪，焦慮就會冒出來。突然之間，我們會特別注意一些平常不願去多想的事，但這種感覺只會持續一、兩分鐘。有一次我去見新老闆，我很快就了解了她的為人後，焦慮就消退了。當我開始開車回家時，看見道路依然暢通，擔憂就不見了。一旦我們感覺到事情會如何發展，輕微的焦慮就會像晨霧一樣，被溫暖的太陽一照就會散去。

當我們從光譜的左邊向右移時，焦慮會越來越強烈，視野會變得狹隘，擔憂也真的開始發酵。以史前對黑暗的恐懼為例，我們可以發現那不是恐懼，而是焦慮。和夜行性動物不一樣，人類對黑暗的反應是擔心眼前可能有看不見的危險，而在黑暗中尋找光明是人類歷史上最基本的象徵意義之一。即使是在史前時代，我們也可以想像，夜晚的光亮（像是小小的火焰？）可能會是熱門商品，因為我們對隱藏在黑暗中的危險感到十分焦慮。

隨著我們繼續在光譜上移動，最常見的中度焦慮之一便是社交焦慮，也就是害怕別人的批評和負面評價。觀眾會怎麼看我的演講？我的員工評估會過嗎？大家會嘲笑我難看的舞姿嗎？即使我們對自己的能力充滿信心，很多人在上台前還是會緊張。有時，當我們望向觀眾時，只會看見後排睡著的那位仁兄，使得我們不會注意到其他人都在微笑和點頭表示讚賞。

不過幾小時，甚至幾分鐘的時間，微微的擔心便可能會升級成高強度的懼怕，然後再往回移到如釋重負的狀態，或甚至是禪師般的平靜。雖然高度焦慮會讓我們有失控的感覺，但它依然是光譜上的一個點，所以我們通常還是可以轉向並回到原本的舒適圈。

這是因為問題不在於焦慮本身（擔心、懼怕和緊張；不確定性帶來的苦惱；甚至是排山倒海而來的恐慌），而是我們用來應付焦慮的想法和行為可能會讓事情變得更糟。若這種情況經常發生，焦慮可能會逐漸演變為焦慮症（anxiety disorder），但這兩者是不同的東西。

焦慮和焦慮症之間最重要的區別被稱為「功能障礙」（functional impairment）。簡而言之，就是焦慮妨礙到了生活。焦慮的情緒起伏不定，有時難以察覺，有時令人痛苦，但根據定義，焦慮症不只是暫時的痛苦而已。對患有焦慮症的人來說，這些感覺會持續數週、數月甚至數年，而且隨著時間過去會變得更糟。最重要的是，它們常常干擾我們追求最珍惜的東西，像是家庭生活、工作和與朋友相處的時間。這種對日常活動和福祉的長期損害是構成焦慮症的必要條件。

以妮娜為例。三十歲的她是一位專門拍攝婚禮和人物寫真的攝影師。她一直以來都知道自己比較喜歡觀察別人，而不喜歡被觀察，因此在鏡頭後比在鏡頭前自在。不過，最近她害羞的天性變得難以控制，導致她無法接新客戶。她開始相信，她在世人眼中顯得笨手笨腳、瑟瑟發抖、汗流浹背和愚昧無知——她想知道自己是不是真的是這個樣子。當她開始無法上班，並因此在經濟上陷入困境時，決定嘗試治療。作為療程的一部分，治療師請她參加一個實驗並錄下來。

首先，妮娜要假裝治療師是一個正在尋找婚禮攝影師的潛在客戶。她要用平常應對新客戶的方式來和對方交談。在談話過程中，她也會有意識地去做一些動作來處理焦慮：低頭避開眼神接觸，同時緊緊抓住她的相機或其他物體，讓自己不會顫抖。

接著，妮娜和治療師會再試一次，但這次要做出一個關鍵的改變：妮娜不能低頭，要不斷進行眼神交流，並把雙手放在腿上，而不是抓住某個東西。

在實驗開始之前，治療師問妮娜，以零到一百來評分，她認為自己會發抖到什麼程度？妮娜說九十分。她會流多少汗、又會顯得多蠢？她一樣認為都是九十分。她預期自己會極度緊張不安，一定沒有人願意雇用她來記錄特別的日子。

進行完兩種版本的對話並看過錄影之後，治療師問妮娜，以零到一百來評分，她在鏡頭前的實際表現如何？是否像她預期的那樣顫抖、出汗和愚蠢？妮娜驚訝地發現，雖然她在實驗的前半部看起來的確很緊張，但完全沒有顫抖或出汗，而且聽起來也還行——也許不怎麼能言善道，但絕對不蠢。接著妮娜看了後半部的實驗，有眼神接觸但沒有抓著相機，她不禁注意到，她渾身上下突然變得像個有自信的專業人士，面帶微笑、對答如流，而且提出了很好的想法和建議。

妮娜並非不緊張，她緊張得很，但一旦她不再表現得像個有障礙的人，老是把目光移開又死命抓著相機，就不那麼覺得自己有障礙了，因為她不再依賴那些無意中讓焦慮更加嚴重的應對方式。

如果改變幾個關鍵的行為和觀念，就能緩解痛苦甚至是使人衰弱的焦慮，那為什麼焦慮症是今日最常見的心理健康問題？為什麼它普及的趨勢不斷上升，迅速成為我們這個時代的公共衛生危機？

如果這聽起來有點誇大其詞，可以看一下統計數據。一項在哈佛大學進行的大型流行病學研究結合了診斷訪談和生活障礙評估，[1]顯示出美國近百分之二十的成年人（超過六千萬人）每年都患有焦慮症。[2]其次，第二常見的心理健康問題是憂鬱症，每年診斷出約一千七百萬人，其中將近一半的人還被診斷出有焦慮症。在一生當中，會患有一種或多種焦慮症的美國人數量驚人地暴增至百分之三十一，也就是超過一億人，包括青少年與兒童。許多人尋求治療，但只有不到一半的人表現出持久的變化，即使接受黃金標準治療（例如：認知行為療法）也是如此。女性受到的影響特別嚴重：女性一生中被診斷出焦慮症的人數幾乎是男性的兩倍。

美國診斷出九種不同的焦慮症，不包括與創傷相關的疾病，例如：創傷後壓力症候群（post-traumatic stress disorder，PTSD）以及強迫性疾病，例如：強迫症（obsessive-compulsive disorder，OCD）。有些焦慮症，像是恐懼症，主要是懼怕某種物體和情況並極力避免，例如恐血症（hemophobia）和幽閉恐懼症

（claustrophobia）；有些則涉及強烈的身體恐懼跡象，像是恐慌發作（panic attack），也就是突然一陣顫抖、出汗、呼吸急促、胸痛和厄運即將到來的感覺，很多人認為心臟病發就是這種感覺。另外還有其他類型，像是廣泛性焦慮症（generalized anxiety disorder，GAD），它產生的擔憂會消耗時間和注意力，讓人逃離過去能樂在其中的情境，而且在工作上難以專注和表現。[3]

想像一下卡比爾的經驗，他十五歲時首次顯現出強烈的焦慮症狀。那時，他只害怕在課堂上發言，因此，要上台報告的好幾天前，他就一直擔心得睡不著覺、吃不下飯，苦惱得不得了。然而，隨著時間過去，他缺課的狀況越來越嚴重，成績一落千丈。很快地，這種極端又揮之不去的擔憂甚至蔓延到學校以外的場域，像是派對或游泳比賽。不到幾個月，他就不再參加這些活動，也失去了僅存的幾個朋友。到了年底，他深受恐慌發作之苦，心悸和窒息感強烈到讓他相信自己心臟病發。

根據診斷標準，卡比爾的高度焦慮演變成社交焦慮、廣泛性焦慮症以及恐慌症。不管是哪一種標籤，他被診斷出來不是因為他感到極度焦慮和擔心，而是因為他無法再去上學、參加活動或交朋友了。他應付擔憂和焦慮的方式讓他無法好好地過自己的生活。

對被診斷出焦慮症的人來說，關鍵的問題不只在於他們會感受到強烈的焦慮，而是他們可以用來減輕這些感受的工具並沒有成效。就像卡比爾的情況，他應付焦慮的方式是吃不飽、睡不好，不上學待在家裡，退出體育活動以及不與朋友接觸，他嘗試的這種解決方案只能避免或抑制焦慮，最終只會讓情況變得更糟。也就是說，雖然焦慮在本質上是一種有用的情緒，但焦慮症的症狀百害而無一利，它們會主動地來妨礙你。

所以，我們事實上並不是處於公共衛生的焦慮危機中，而是如何應對焦慮的危機中。

把焦慮想成是警告我們房子著火的煙霧警報器。如果我們沒有跑出房子並打給消防隊，而是忽視警報，把電池拔掉，或避開房子裡警報聲最大的地方，會發生什麼事？如果我們不聽警報發出的關鍵訊息：「冒煙的地方可能著火了！」而是想像沒這回事，又會怎麼樣？當我們沒有利用警報的好處並趕快滅火後，便只能希望和祈禱房子不會被燒毀。然而，要傾聽焦慮的聲音並不容易，因為強烈、持續不斷的焦慮會蓋過一切，讓我們無法察覺它要提供的有用資訊；或相反地，我們只有忍受而沒有去傾聽它，導致我們相信要讓事情完成的唯一方式，就是經常性地忍受由焦慮引起的腎上腺素飆升。然而，當我們認為焦慮值得傾聽且試圖去探究而不是斥責它時，才能打破這種不健康的循環，並意識到有些應對焦慮的方式會降低它的刻度，有些則會讓它升高到難以控制的等級——忽視便是升高焦慮的方法，讓人感覺在不知不覺中，房子就著火了。

當然，令人衰弱的焦慮會產生，不只是因為應對上的困難。在許多情況下，長期緊繃的壓力和窘境也影響很大，但有時候人生就是如此，因此任何人都會感到排山倒海而來的強烈焦慮。不過，說我們正處於如何應對焦慮的危機中並沒有否定這個事實，因為不管原因是什麼，能夠以不同的方式應對焦慮，就有了一部分的解決方案，而傾聽焦慮、相信它說的話有智慧，則是找到解決方案的第一步。

要去相信焦慮值得傾聽，可能比我們想像得容易。想像一下，你正在競選一個政治組織的主席，你的任務是發表競選演講。你有三分鐘的時間準備，接著發表三分鐘的演講。這場演講的觀眾是一個評審團，而且會有錄影，並與其他候選人進行比較。

如果你被診斷出社交焦慮，你會活在他人如何評價你的恐懼中，但你已經對自己很嚴格了，連要去想自己的正面特質都會讓你感到不舒服，所以這整個經歷聽起來就像是折磨。

當評審看著你時，他們一直皺眉、雙手抱在胸前、搖頭並做出其他令人洩氣的非語言回饋。這讓你感覺像是過了一輩子後演講才終於結束。當然，你可以稍作休息，但試煉還沒有結束。

現在你被要求在同一個評審團面前做一道棘手的數學題：你必須從一九九九倒數回去，每一次減十三，要大聲唸出來，速度越快越好。你一停下來，評估員就會叫你，說：「你數得太慢了。請加快速度。你還有一點時間，請繼續。」每一次你失敗時，都會有人說：「錯了。請從一九九九重新開始。」即使是對自己的數學能力充滿自信的人，也會驚慌失措。

這個迷你酷刑其實是著名的研究任務，稱為「特里爾社會壓力測試」（Trier Social Stress Test，TSST）。[4]它在四十多年前被開發出來，幾乎會讓每一個人都產生壓力和焦慮，但對有社交焦慮的人來說，痛苦的感受特別嚴重。你會感覺到心臟砰砰跳、呼吸加快、胃部翻攪，說話也變得結結巴巴。我們可以合理地假設，這些跡象顯示出你沒有很好地應對挑戰。

但想像一下這個狀況：你在進行TSST之前，被教導要預測自己的焦慮反應，並被告知這些反應實際上是你摩拳擦掌、準備好面對未來挑戰的跡象。你了解到，焦慮幫助我們的祖先存活下來，透過輸送血液和氧氣到肌肉、器官和大腦，讓它們處於巔峰狀態。你要是還不相信，可以讀一些令人印象深刻的科學研究，裡頭證明了焦慮有眾多好處。

如果你在進行可怕的TSST之前得知這一切，你會用不同方式去應付它嗎？

在二〇一三年，哈佛大學的研究員回答了這個問題。[5]他們的研究顯示，如果有社交焦慮的受試者上了課、知道焦慮的好處，就會不那麼焦慮，並且更有自信。他們對焦慮的生理反應更是有顯著的差異。一般而言，當我們經歷高度焦慮和壓力時，心率會增加，血管會收縮；但一旦受試者意識到，他們焦慮的身體反應是有益的，血管就會比較放鬆，心率也會比較穩定。他們的心臟還是會砰砰跳，因為不管你事前做了什麼，TSST都一樣會帶來沉重壓力，但他們的心跳型態比較接近勇敢面對挑戰時那種專注和投入的健康型態。

這項研究顯示，只要改變我們對焦慮的認知，了解它帶來好處而不是負擔，我們的身體也會如此相信。

▼問題與解決方案

在這個疫情流行、政治極化和氣候變遷肆虐的年代，很多人都會對未來感到焦慮而不知所措。為了應對這些問題，我們學會把情緒當成疾病：想要不惜一切代價去預防它、避免它並消滅它。

既然科學家比以往都更加清楚地意識到焦慮的存在，為什麼使人衰弱的焦慮／焦慮症的預防和治療，沒有跟上身體疾病的腳步？顯然，數百本書、數千項嚴謹的科學研究和三十種不同的抗焦慮藥物都無法提供足夠的幫助。為什麼我們這些心理健康專家會失敗得這麼慘？

事實是，我們落後了。問題不在於焦慮，而是我們對焦慮的看法讓我們不相信自己可以應付它，甚至善加利用它，就和TSST實驗的受試者學到的那樣。當這些看法讓焦慮變得更加嚴重時，我們就更有可能陷入使人衰弱的焦慮，甚至罹患焦慮症。

當史考特・帕拉辛斯基走進虛無的外太空時，注意力如雷射般集中，意志力堅定不移，正是焦慮讓他做了最壞的準備。焦慮甚至讓他得以在任務開始之前，就為不確定會不會發生的危急時刻做好準備。焦慮讓他知道，結果有可能一敗塗地，也有可能大獲全勝，因此他特訓了好幾個月，磨練技能並鞏固他與團隊之間的信任。

焦慮可能難以消化、具破壞性，有時令人膽戰心驚。同時，它也可以是盟友、益處和絕妙靈感的來源。但為了改變觀點，我們必須將這個情緒的故事打掉重建。這會是一段旅程，從學術殿堂到世界劇院；從中世紀的地獄之火與硫磺啟示到封城期間的生活；從滑個不停的手機到餐桌。

如果焦慮是這麼棒的東西，為什麼給人這麼糟的感覺？

2
焦慮存在的原因

我開著車，停在紅燈前，變綠燈後，我踩油門前進。此時，停在我左方的車，突然切到我前面幾英吋的地方，擋住了我的路。我猛按喇叭前進，但他還是繼續移動，最後我因為太擔心車子被刮到，只好讓他切進來。我激動地咒罵了幾聲，並狠狠地瞪了他幾眼。

我不只是隱約感到煩躁，而是氣壞了，甚至怒火中燒。我的心臟怦怦跳，血壓急速升高，表情猙獰。能量湧上了我的身體，準備馬上做出行動，儘管那個行動只不過是憤怒地大吼大叫。

我並不喜歡這些變化所帶來的感覺。它們讓我充滿壓力，我很慚愧我在這件事情上過不去，但我的憤怒蓋過了理智的思考，完全按照進化為憤怒設計的目的去做：讓我變得兇猛好鬥。

值得注意的是，另一位駕駛並沒有真正讓我的生活產生什麼變化，因為這只不過是超前或落後一輛車的距離問題，但對我的本能情緒來說是一件大事。憤怒讓我準備採取有力的行動，以防萬一。幸好，我們人類通常可以減輕反應來適應情況，這是一種創造或破壞文明社會的能力。

顯而易見地，焦慮和其他負面情緒（例如：憤怒）讓人感覺很糟糕，但這些情緒會如此卻是一件好事。

在一百五十多年前，達爾文也得出了相同的結論。

▼情緒的邏輯

在人類歷史中，負面情緒一直承受罵名，從最輕微的「不理性」到最嚴重的「具破壞性」都有。古羅馬詩人賀拉斯（Horace）寫道：「憤怒是短暫的瘋狂。」但就在過去的一百五十年裡，我們開始了解到恐懼、憤怒和焦慮等情緒不僅僅是危險的，也可以帶來利處。情緒是生存的工具，經過數十萬年進化的鍛鍊和改善，用來保護人類及其他動物，確保他們茁壯成長。的確，從進化論的觀點來看，情緒體現了生存的邏輯。

達爾文最早的研究是地質學以及大型哺乳動物的絕種，作為一個喜歡冒險的年輕人，他坐上小獵犬號（HMS Beagle），調查了南美洲沿岸。這項深入未開發南半球的觀察工作讓他成為科學界的明星，也催生出他最初的進化論構想。但過了四十年後，在進化論三部曲的最後一本書《人與動物的情感表達》（*The Expression of the Emotions in Man and Animals*）中，[1]他才將他的洞察力應用到人類思想的重大未知領域：情感。

他已經在《物種起源》（*On the Origin of Species*）中解釋了進化原理，[2]並在《人類的由來及性選擇》(*The Descent of Man, and Selection in Relation to Sex*)中提出,[3]人類和靈長類動物有共同的祖先。至於在《人與動物的情感表達》中,他把情感當成動物身上會有的任何普遍特徵來看待,一如蹼足、尾巴的形狀、毛皮或羽毛的顏色。長期以來,情感已經進化為適應環境壓力的有利條件,如果它們對物種有益,就會被保留並傳給後代。換句話說,情感促成了適者生存。

情緒有利於適應環境。舉個例子,兩隻動物在搶奪食物,當牠們準備(實際上或比喻上)戰鬥時,強烈的感受會引發一系列的身體反應:背部拱起、毛髮豎立會顯得更大、更強壯;露出牙齒、皺起眉頭、發出激烈聲響或揮舞尖角則是在向另一隻動物發出警告,灌輸敵手自己的強大以及與自己對抗並不值得的信號。這些表現出攻擊性的信號直接提高了另一隻動物退出的機會,因此能夠避免暴力行為以及潛在的傷害或死亡,發出和解讀這些原始訊息的能力對物種有益,創造雙贏。

達爾文認為,如果與情緒相關的動作有用,就會不斷被重複,最終成為世代相傳的習慣。他稱之為「可用的習慣原則」(principle of serviceable associated habits),

並指出「眾所周知，習慣的力量有多強大。再複雜和困難的動作都可以毫不費力或下意識地及時做出來。」[4]透過習慣的力量，與情緒相關的臉部表情才得以進化。舉例而言，憤怒的皺眉能避免過多的光線進入眼睛，這是一個重要的適應，如果一個人正處於鬥爭之中，視線可不能被遮住；相反地，抬起眉毛和睜大雙眼會增加視野，當你害怕時這有助於掃瞄周遭環境；厭惡的皺鼻和癟嘴則限制了腐爛或有毒物質的攝入。這些反應都是有用、具功能性的，因此在某些情緒產生時就會表現出來。

也就是說，透過嘗試錯誤習得的動作能帶來樂趣或避免痛苦，並養成習慣以供未來使用，因為這些動作有益且有助於個人生存。這個觀念是現代行為科學的基礎，深受達爾文的影響，被稱為「效果律」（law of effect）：如果一個行動越能帶來好的結果，我們越會去做。

這些「感覺等於行動」的反應，像是「恐懼－睜大雙眼」和「戰鬥－展示力量」都具有適應性和實用性，但也能直接影響神經系統。例如，達爾文寫道：「一個人或動物從恐懼變成絕望，會產生驚人的力量，且很大程度上是出了名的危險。」[5]

這些反應會非常迅速和自動地發生，對促進生存很有價值，因為不需要花費時間、深謀遠慮，或消耗太多精力，它們就是會發生。這也是一件好事，因為我們可以在一瞬間保護自己，像是反射性地跳出危險的道路，同時睜大眼睛，盡可能地看清楚周遭正在發生的事情，以決定下一步應該怎麼走。

情緒有另一個極大的好處。作為社會訊號，情緒將重要資訊傳遞給同物種的其他個體或同部落的其他成員。確實，人類和其他動物在生物學上能夠去注意社會夥伴對我們做出的情緒反應，得以區分是充滿愛意和讚許的眼神，還是憤怒或失望的表情。即使是嬰兒，在觀察到成年人臉上的恐懼時，也會受驚並感覺到危險。

在經典的心理學實驗「視覺懸崖」（the visual cliff）中，[6] 一個嬰兒坐在一座橋的一端，橋由透明壓克力板製成，離地面四英尺高。從嬰兒的角度來看，壓克力板不存在，下面是空的。嬰兒的母親則坐在橋的另一端。如果她露出笑容，示意寶寶過去找她，幾乎所有的嬰兒都會爬過邊緣，也就是看起來空空如也的地方。但如果媽媽表現出痛苦或害怕的樣子，寶寶就會留在原地。[7]

▼為什麼焦慮的感覺這麼糟？

對於情緒在生活中扮演的角色，達爾文顛覆了我們的想法。現今比起將情緒視為非理性且有害的，我們更常將情緒（即使是負面情緒）視為具有適應性和實用性——訣竅就在於掌控並善用情緒。

功能情緒理論（Functional Emotion Theory）便是以這個前提為出發點，[8]它將情緒歸結為兩個動態的部分：評估（appraisal）和行動準備（action readiness）。[9]這個概念與達爾文的「感覺等於行動」反應非常類似，並假定情緒會告知並激勵我們做各種有用的事情，例如：克服障礙、建立強大社群和尋求安全。

情緒的第一步是評估，也就是我們察覺某個情況是否理想？是否能讓我們得到想要的東西，或避免不想要的東西，而且感覺很棒？這聽起來是自私自利和享樂主義的想法，但從進化的角度來看，追求感覺良好的事物往往會促進我們的福祉和生存。舉例而言，我那幾乎是路怒症的行為就包含了評估，而結論是另一位駕駛阻礙了我獲得我想要的東西：繼續前進並回家。此外，我認為他的行動粗魯又不正當，甚至破壞了我想要跟懂得禮讓的人生活在文明世界的願望。

我們要記住，情緒的進化很有可能早在人類開發出危險的成癮物質和其他「感覺良好但顯然有害」的東西之前就完成了。在這些情況下，享樂主義並不是一個有用的基準。

由於評估是去詮釋某個情況和我們的福祉有何關聯，因此它提供的資訊直接影響了情緒的第二個組成部分，也就是行動準備——反射性的反應讓我們以能夠達成目標的方式去行動。所以當我的願望被另一位駕駛阻撓時，我的臉、身體和思緒都動了起來：血液在血管裡加速流動，注意力像雷射一樣集中，並發出「別惹我」的表情信號。如果他在切出來的時候遲疑了，我會馬上從他旁邊飆過去。如果他下車對我破口大罵，身高一百六十二公分的我當下一定也會下車跟他拚了。先不談這是不是正確的評估或明智的做法（應該不是），我的憤怒給了我一個戰鬥／奮鬥的機會。

從功能的角度來看，焦慮是一種很妙的情緒，因為它的行為很像恐懼，但又具備希望的特質。和希望一樣，焦慮會對不確定的未來進行評估，就像個有保護作用的警鐘，面對未來可能的威脅時會引發不適和擔憂。但焦慮也是個有成效的信號，告訴我們現在所處的位置和想要達到的目的地之間還有一段差距，需要付出努力才能避開威脅和實現目標。因此，焦慮會激發行動準備的傾向，讓我們逃跑或戰鬥，同時推動我們努力達成尚未實現的目標。和希望一樣，焦慮可以培養耐力。

當我們無路可退時，很少有其他情緒能如此有效地讓我們鎖定未來，激勵和促使我們達成目標，儘管筋疲力盡或遭遇阻礙。

焦慮之所以如此有效，不是因為它帶來良好的感覺；恰恰相反，它讓我們覺得糟糕透頂，感到緊張、擔心、緊繃，而我們會用盡一切方法來消除這種感覺——這叫做「負增強」（negative reinforcement），而停止焦慮就是獎賞。焦慮促使我們保護自己，激勵我們實現有成效的目標，接著透過減少焦慮，讓我們知道行動成功了，焦慮內建的自毀系統是我們最好的生存機制之一。

如果我們把焦慮和其他不愉快的情緒僅僅當作是必須壓制和控制的東西，就會忽略一個事實，那就是焦慮其實帶來重要的資訊。想像一下，你已經坐立難安好幾天了，你一直試著去忽略它，保持冷靜並繼續過生活，但它就是搞得你心煩意亂。所以你決定聽聽焦慮想告訴你什麼。你在心裡列了一個清單：什麼事情在困擾我？是我和老公的爭執嗎？不是，那已經解決了。是工作截止日迫在眉睫嗎？不是，那已經在掌握之中。還是我的胃食道逆流惡化，連續五天都在胃痛？啊，這就是了，賓果。

一旦找出了焦慮的根源，你就得到了有用的資訊。你現在知道要採取什麼行動。與醫生預約後，焦慮馬上開始減輕，因為你在正確的軌道上。等到你看完醫生、有了解決問題的好計畫，焦慮就會消失。任務完成，焦慮發揮了效果。

不過，如果你發現你的健康確實存在嚴重問題，焦慮就會再次出現，並激勵你採取必要的額外措施來對付疾病。沒有焦慮，你可能會失去生存和發展的機會。因此，焦慮絕對會讓人感覺很糟糕，至少都會有點不愉快，但正因如此才能被我們關注，提供資訊並激勵我們採取行動，只為了從焦慮中解脫出來。

倒不是說焦慮一定會引導我們採取有益的行動，它也可能導致不健康的執念，或是相反地，我們可能選擇忽視它，拖拖拉拉、試著自我治療或是做其他毫無助益的事情，只為了把它壓下來。然而，如果我們人類在進化的過程中成功地扼殺了焦慮，那麼失去這種重要情緒的後果可能不堪設想。

試著想像一下，如果史前人類不會感到焦慮，只想著當下，從不擔心或夢想未來，只要吃飽睡好就行，會是什麼狀況。如果沒有焦慮，我們可能早就絕種了，永遠不會發明先進科技，不會進入外太空，也不會創造出超凡脫俗的藝術作品，因為何必呢？只要一天又一天地過生活就好了，不會感到擔憂、興奮、驚奇或期待。從這個意義上說，焦慮在如火如荼的進化中產生，促使我們攀上人類的巔峰，唯有跳脫當下、思考未來才能建立文明。

進化論有助於解釋為什麼某些情緒大部分的動物都有，某些卻只有人類才有。我們可以在老鼠身上發現類似恐懼的情緒，找到大象、狗和靈長類動物表現出失落和悲傷的跡象，並在掠食者兇猛的行動中看見憤怒。如同達爾文引述莎士比亞《亨利五世》（*Henry V*）的句子：

但是當戰爭的炮火聲在耳邊響起，
就要模仿老虎的動作：
繃緊筋肉，鼓起熱血，
接著目露兇光；
再來齜牙咧嘴，張大鼻孔。[10]

據推測，恐懼等情緒在我們前哺乳動物祖先的身上就已經進化而成，牠們的大腦還有專門的結構，負責察覺和應對與人類恐懼有關的威脅。與下視丘等區域連結的攻擊性和防禦性情緒反應也是如此，下視丘透過激發戰鬥／逃跑或交感神經系統來掌控關鍵的身體功能。

此外，親和的情緒，像是對後代的愛，更有可能進化並支持哺乳動物的生存，因為哺乳動物無助的嬰兒期需要被長時間的照顧（不像其他動物，例如：爬蟲類和兩棲類在後代出生前就離開牠們；鳥類則是一旦孩子會飛了，就經常把牠們踢出巢外）。更複雜的社會情緒，像是內疚和自豪、溫柔和羞恥，似乎只在社會靈長類動物（人類，或許還有黑猩猩和類人猿）身上進化，因為這些情緒讓我們對自己的部落心存感激，可以用來制止不良或反社會的行為。

我們認為恐懼是一種古老、較原始的焦慮形式，源自於大腦結構，像是杏仁核（amygdala），它是緣腦（limbic brain）或「情緒腦」的一部分。杏仁核這個詞源自希臘語的「杏仁」（amygdalē），因其形狀而得名，人類大腦裡實際上有兩個，而它不僅僅是恐懼中心，還是連結感覺、運動和決策區域的中心樞紐。當我們害怕或焦慮時，杏仁核會被激發，但它也會讓我們對任何可能帶來影響的不尋常現象提高警覺，像是突出、新穎和充滿不確定性的事物。當我們面對前所未有或不清不楚的狀況時，例如某人用難以解讀的表情看著我們，杏仁核就會被激發。不過，當我們得到獎賞時，杏仁核一樣會動起來。這就是為什麼它不僅僅與負面事物相關，它是幫助我們駕馭恐懼和慾望的大腦中心，被認為是大腦獎賞系統的核心部分，有力地塑造了我們對是非善惡的學習和記憶，以及我們決定如何處理它們。

獎賞系統和焦慮背後的一個關鍵神經傳導物質就是多巴胺（dopamine），[11] 負責在獎賞系統和大腦其他負責決策、記憶、動作和注意力的區域之間傳遞資訊。多巴胺經常被形容為「令人感覺良好的荷爾蒙」，因為當一個人做了能帶來愉悅感受的事情時，多巴胺就會被釋放，像是吃東西、吸毒、做愛或瀏覽Instagram。但多巴胺不只是跟著獎賞激增，它也會提早刺激大腦，促使我們追求獎賞。這就是為什麼，雖然多巴胺不像腦內啡（endorphin）等荷爾蒙會實際讓我們感到愉悅，但它與成癮密切相關。

研究人員現在發現，激發多巴胺釋放的不僅僅是令人上癮和愉悅的事物，焦慮也會。為什麼？因為焦慮會促使人們趨吉避凶。當我們獲得理想的結果，或焦慮緩解時，多巴胺便會釋放。多巴胺告訴我們，帶著焦慮做事是好的，並激勵我們在焦慮出現時，繼續採取有效的行動。

焦慮成功地整合了緣腦引發的恐懼和獎賞系統，但如果沒有近期進化出來的大腦皮質的貢獻，就不會是真正的焦慮。大腦皮質的前額葉（prefrontal cortex）在我們行使**執行功能**（例如：行動抑制、注意力控制、工作記憶和決策）時，會變得活躍。這些功能在焦慮時會不斷被使用和活化，以指揮和控管各方面的情緒反應：評估、行動準備和情緒感受。杏仁核也會與大腦其他區域溝通，例如支持學習和長期記憶的海馬迴（hippocampus），以及與知覺和自我意識有關的腦島（insula），讓我們能夠運用記憶和思考來理解焦慮，並將自己的本質和在乎的東西全盤納入考量。

也就是說，雖然杏仁核是組成情緒腦的核心，但它並非孤零零地運作，它是一個樞紐，在相互連結的網絡中，負責聯繫大腦各個區域和它們支持的能力——這就是所謂的神經網絡。近期進化出來的大腦區域，像是前額葉皮質，負責管理較老的緣腦，包括杏仁核。前額葉皮質較慢、較謹慎，而杏仁核較快、較自動化——為了在這個充滿危險、獎賞和不確定性的世界生存下來，我們同時需要前額葉皮質和杏仁核。

焦慮的情況也是如此。焦慮不僅僅來自反射性、自動化的古老恐懼腦，也不能單純追溯到更進化、更謹慎、認知更複雜的皮質，而是兩者之間的交集和平衡。

▼焦慮以及「威脅生物學」

焦慮神經科學的關鍵是防禦腦，[12] 它是一個協調網絡，讓不同區域互相合作以察覺真實或潛在的威脅，並同心協力防禦危險。這包括剛才討論的大腦區域，像是杏仁核和前額葉皮質，以及導水管周圍灰質（periaqueductal gray），它有助於控制自動的戰鬥／逃跑行為。

這個防禦腦網絡讓我們能夠輕鬆快速地學習和記住威脅。假設你在星期一被狗咬了，那麼當你在星期四看到那隻狗（或任何一隻狗）時，你的大腦防禦反應會更快被觸發。這些反應讓我們感到緊張，並讓我們為再次被咬的可能性做好準備。防禦腦也是學習的基礎：我們學會對狗更加謹慎，並察覺牠們可能具有攻擊性的跡象，好處顯而易見。

但這種防禦的優勢也有可能變得適得其反。如果對狗的恐懼變成一種焦慮症（恐犬症），我們會開始高估任何一隻狗所帶來的危險。假如我們無法區分防備性強的垃圾場惡犬和可愛無害的小狗狗，那麼威脅和安全的信號就會混在一起，就像交叉的電線。我們會放大潛在危險，時時刻刻保持警惕、環顧四周，一個細節也不放過，試圖釐清為什麼內心的警報器還在響個不停。

當這種情況發生時，就會產生心理學家所謂的「威脅偏誤」（threat bias）。[13] 這是一種無意識的習慣，總是用消極的心態看世界，不斷尋找威脅或危險，一旦真的發現負面資訊就會陷在裡面，忽視實際上安全無虞的證據。換句話說，威脅偏誤就像一個過濾器，偏好負面而非安全的資訊。

想像一下：你在一百個人面前演講。你看向觀眾，馬上發現有個人皺著眉頭，或是更糟糕的，正在打瞌睡。那一瞬間，你的視野只容得下那個人，彷彿其他觀眾不存在。你沒注意到另外九十九個人正在專心聽講，微笑並點頭。這種對負面觀眾的過度關注就是威脅偏誤。結果是，你高度警惕其他負面回饋，而忽視自己表現良好的所有證據。不過，在那個當下，你沒有意識到這一點。你只知道你很緊張，失敗近在眼前。

和其他偏誤一樣，威脅偏誤是一種進化的經驗法則，也是快速自動的標準，讓大腦衡量生活中所發生的事。防禦腦的核心任務是隨著本能快速且自動地偵測威脅，但威脅偏誤會導致我們對事物投入不平衡的關注，寧願往壞處看，也不要往好處想。當威脅偏誤成為一種習慣時，它就會讓戰鬥／逃跑反應一觸即發，焦慮感直線上升。

人群中的臉龐是一個生動的例子，因為大腦對人臉的反應是威脅偏誤的關鍵因素。臉孔是最能引起大腦關注的事物之一。在幾毫秒內，我們會反射性地識別和解讀最細微的表情。這是不由自主的反應。我們的大腦甚至有一塊區域專門負責這項工作：梭狀臉孔腦區（fusiform face area）。達爾文早就預測到了這一點，因為能夠解讀人臉的人，才能生存繁衍（並因此將基因傳遞下去）。有些臉孔對我們的大腦有特別強烈的吸引力，舉例而言，我們會特別注意憤怒的表情，因為它傳達出危險的信號。不過，當我們長期處於焦慮之中，判斷危險的能力就會大打折扣。

我和其他人的研究顯示出，了解威脅偏誤可以幫助我們預測健康的焦慮是否會演變成焦慮症。最重要的事情不是我們的注意力有沒有被負面事物吸引，而是我們怎麼去應對這樣的資訊。我們會低頭盯著演講稿，不再抬頭？還是在觀眾之間尋找笑臉？也就是說，我們會不會利用焦慮來將注意力轉移到獎賞上？

想像你坐在電腦前，看著一連串的臉孔，有的生氣、有的開心、有的不帶情緒。這是一項看似簡單的任務，但對高度焦慮的人來說，卻不是這麼一回事。運用眼動追蹤和腦電圖（electroencephalography）技術，我們可以測量大腦如何對臉孔做出反應，並證明了威脅偏誤的存在——有一大部分焦慮的人對具威脅性的憤怒臉孔投入過多的注意力。[14]而其中最焦慮的人還對開心的臉孔投入過少的注意力，就跟那個在觀眾面前演講的人一樣。我們如何以及是否利用正面想法和獎賞最豐富的來源——也就是支持性的社會連結，對我們的焦慮影響很大。

▼社會腦與焦慮

與所愛的人在一起可以緩解焦慮。這句話乍看之下很理所當然，但背後有什麼玄機？

焦慮藉由改變身體的化學性質來引導我們接近他人。它會提高壓力荷爾蒙（皮質醇〔cortisol〕），還會觸發大腦分泌催產素（oxytocin），也就是所謂的社會紐帶荷爾蒙。這種化學物質讓我們與他人產生聯繫——當我們戀愛以及女人生孩子時都會釋放出來，它不僅有助於分娩，還有助於與新生兒建立情感聯繫。催產素讓我們想要接近我們在乎的人。因此，焦慮會刺激它釋放，來鼓勵我們與他人產生連結。

除此之外，催產素對大腦有直接的抗焦慮作用。研究顯示，血液中催產素的升高會降低壓力荷爾蒙，也讓杏仁核的活動減少，就像服用苯二氮平類（benzodiazepine）等抗焦慮藥物一樣。催產素的作用如此強大，研究人員已經開始評估它是否可以用來治療焦慮症。

既然我們已經建立了連結，大腦也在生理上得到舒緩，那麼與所愛的人在一起，如何能以更顯著的方式緩解焦慮？早在二〇〇〇年代初期，一個簡單但敏銳的臨床觀察啟發了一些新的想法。一位心理學家正在為一名患有創傷後壓力症候群的退伍軍人進行治療。多年來，這名退伍軍人一直不願意尋求醫療協助，說他不需要看什麼精神科醫師，但那天陪伴他前來的妻子，最終說服了他去試試看。他慢慢地、斷斷續續地分享戰場上的痛苦回憶。每次他沮喪到想要離開診療室時，妻子都會輕輕地握住他的手。她一這麼做，病患就能繼續說話，努力克服創傷，從治療中獲得益處。

有了那次的經驗，這位同時是臨床神經科學家的治療師開始以不同的角度思考社會連結對焦慮的影響。幾年後，在二〇〇六年，他和威斯康辛大學（University of Wisconsin）的同事將想法付諸實行，招募志願者參加一項研究，讓他們具體地感到焦慮：在磁振造影（MRI）機器中，遭受不可預測的電擊。[15]

可能被電擊已經夠可怕了，身處於磁振造影機器這個被超導磁鐵環繞的巨大管子中，讓整個過程更加嚇人。受試者躺在檢查台上，然後被送進機器，而機器從頭到尾不斷發出快速敲擊的恐怖聲響。

三分之一的受試者獨自進入這個可怕、吵雜、引發幽閉恐懼症的機器，其餘受試者則可以握住陌生人或戀人的手。根據結果，那些在實驗中可以握住戀人的手的受試者，大腦中與焦慮相關的杏仁核和背側前額葉皮質（dorsal-lateral PFC，與情緒管理相關）區域呈現最低限度的活動，但這主要發生在與伴侶關係良好的人身上。儘管握著戀人的手，關係較差的人，大腦依然顯示出較多與焦慮相關的活動以及壓力荷爾蒙。在另一組與陌生人握手的人中，與焦慮相關的大腦活動更多，甚至涉及更多區域，像是前扣帶迴皮質（anterior cingulate cortex）。至於最後一組獨自面對電擊威脅、沒有手可以握的人呢？他們大腦的所有區域都高速運轉，非常努力地在控制焦慮。

這項研究說明了，即使是膚淺的社會連結，都能緩解焦慮。他人的存在，特別是所愛的人，有助於大腦處理威脅帶來的壓力。這個現象稱為「社會緩衝」（social buffering）：因為人類在群體中進化，所以我們很早就學會了互相依賴，一起面對困難比起單打獨鬥更能節省情感能量，也能獲得更多好處。當我們被社會孤立時，每一個挑戰都會變得難上加難。

有個極端的例子是監獄中的單獨監禁，由貴格教派（Quakers）於十九世紀初引進到美國，目的是為了提供時間和空間給囚犯自我探索和悔過。不過，他們很快地觀察到我們今日所見且令人憂心的崩解：囚犯用頭撞牆，割傷自己，企圖自殺。貴格教派很快地停止了這種作法（雖然我們還沒有）。社會連結是人類的基本需求，這使得單獨監禁成為一種顯而易見的酷刑，使人們比以前更加焦慮、反社會、缺乏人性和具攻擊性。

心理學家哈利・哈洛（Harry Harlow）在一九五〇年代進行了一些關於社會孤立的最早研究。他把剛出生的恆河幼猴隔離在黑暗中長達一年。脫離孤立的狀態後，牠們表現出嚴重的心理和社會障礙，包括持續的自我孤立、焦慮和抑制，且這種損害不可逆。這個名符其實叫做「絕望深淵」（pit of despair）的實驗，[16] 按照今天的標準來看非常不道德，被認為催生了動物解放運動。

當我們獨自背負著焦慮的重擔時，就有可能像哈洛可憐的小猴子一樣，陷入絕望的深淵。焦慮與我們的社會進化密不可分。我們的DNA深知，應對焦慮的最佳方法之一，就是在多個大腦（我們的社會網絡）之間分擔情緒壓力，不管是透過簡單的握手動作，還是各式各樣尋求和提供社會支持的管道。

焦慮不僅僅是三個「F」：戰鬥（fight）、逃跑（flight）、恐懼（fear），它也具有保護性和生產力，能引導我們獲得獎賞，讓我們與同胞產生緊密連結。焦慮能做到這一點，是因為它令人不舒服，我們天生就會感覺到並厭惡這種不適，因此不得不去傾聽焦慮提供的資訊，然後採取必要的步驟來改善情況。焦慮內含美麗的碎形對稱（fractal symmetry）——它的進化足以帶給我們所需的一切，指引和激勵我們扭轉情勢，並化解它本身引發的不愉快。

我們通常不會把威脅、獎賞和社交聯繫系統這些生物學的觀點聯想在一起，但只要多加善用，就能幫助我們應付這個世界固有的不確定性。焦慮和希望一樣，給予我們繼續前進的耐力，以及實現願望的專注力和精力。當我們用這種方式思考時，就會了解焦慮和希望並非背道而馳，而是一體兩面。

3

焦慮未來式：選擇屬於你自己的冒險

對未來的焦慮促使人們去探究事物的起因。[1]

——湯瑪斯・霍布斯（Thomas Hobbes），《利維坦》（*Leviathan*）

一道巨大的螺旋梯蜿蜒而上，明亮的門廳兩側矗立著精美的藏獅雕塑。曼陀羅畫和佛像高雅地坐落在整個空間。右邊有個東西和展示喜瑪拉雅文化的魯賓藝術博物館很不搭：一面高聳的牆，一半藍色、一半紅色，從地板到天花板覆蓋著數百張白色卡片。走近一看，我可以認出每張卡片上的文字，就像一覽無遺的祕密訊息。發現這一點的不是只有我。我的六歲女兒南迪尼跑到牆邊，讀了幾張卡片，環顧四周，就跟往常一樣，第一個搞清楚這是怎麼一回事：「他們要我們創作藝術！」

附近有一張桌子堆滿了卡片，上面寫著：「我充滿希望，因為……」或「我很焦慮，因為……」南迪尼選了一張希望的卡片，並用「愛」完成了造句，這是她最會寫的一個字。她驕傲地把卡片掛在藍色那一邊的鉤子上。旁邊的卡片上寫著：「我充滿希望，因為不管你有多孤單，世界都任由你想像」、「我充滿希望，因為成績不好的人還是可以成功」、「我充滿希望，因為她說『我願意！』」

紅色那一邊的牆上則有許多焦慮的卡片，寫著：「我很焦慮，因為我不知道該何去何從」、「我很焦慮，因為種族歧視正在摧毀我們」、「我很焦慮，因為我不知道能不能再次找到愛情」、「我很焦慮，因為我的女兒陷入掙扎」、「我鄙視智慧，因為它給我虛假的希望」。

我九歲的兒子凱維一直在研究這一幅由卡片拼湊而成的作品。他指出一個有趣的模式，那就是焦慮的卡片和希望的卡片經常有一模一樣的句子：「我很焦慮，因為我有個工作要面試」、「我充滿希望，因為我有個工作要面試」；「我很焦慮，因為人們為了政治而戰」、「我充滿希望，因為人們為了政治而戰」。

他問我：「我們怎麼能對同一件事感到焦慮和充滿希望呢？」

在這個《焦慮與希望紀念碑》(*A Monument for the Anxious and Hopeful*)的展覽中，觀眾體驗到焦慮和希望是多麼緊密地交織在一起，它們如何像波浪一樣起伏不定，有時相互較勁，有時相互呼應或相互矛盾，總是一起推動我們走向想像的未來。正如紀念碑的創造者所描述的，「焦慮與希望由尚未到來的時刻所定義。」

換句話說，焦慮和希望讓我們成為精神上的時空旅人，直奔未來。

焦慮形塑了人類歷史的進程。要了解其中的原因，我們必須先探索人種發生了什麼根本變化讓我們感到焦慮，並一覽各式各樣與焦慮共處及善用焦慮的未來思維。

▼未來的思維與思維的未來

就在幾百萬年前，我們的進化史出現了一個亮點，智人（Homo sapiens）從祖先巧人（Homo habilis）和直立人（Homo erectus）之中以一種特殊的方式分化出來：我們發展出一個很大的大腦。有多大？幾乎是那些祖先的三倍大。然而，並不是整個腦袋都像氣球般鼓起，只有一個很特別的部位：前額葉皮質。這個區域幫助我們控制情緒和行為，且光是這一項功能就可以說明，更大的大腦需要更多能量來支持很合理。但前額葉皮質也讓人類做到另一件其他動物做不到的舉動：透過想像不存在的事來突破思想與現實之間的界線。也就是說，多虧了前額葉皮質，人腦才能成為「現實模擬器」。我們可以在實際嘗試某件事之前，先在腦海中體驗：我們可以想像尚未發生的事件、重溫過去的時刻，並預想任何經驗可能帶來的結果。

和可相對拇指（opposable thumb）一樣，模擬現實以及想像過去與未來的能力都是進化優勢，讓我們能夠從穴居人變為文明建造者。當我們可以去預演行動時，就能想像可能會出現什麼問題、做出更好的決定，並思考該如何為我們想要和需要的未來而努力。

從最小的決定到難度最高的挑戰，我們無時無刻都在運用心理模擬。如果我們必須告知老闆公司正在面臨虧損，你會為了緩和情緒而講笑話嗎？我們不需要實際去做，就能知道這不是一個好主意。從首席芭蕾舞者到奧運選手，精英運動員會在心裡模擬表演和比賽，這是他們訓練的重要一環。奧運金牌得主麥可・菲爾普斯（Michael Phelps）每日每夜都會針對每一場即將到來的比賽去設想每個細節，包含跳水、划水、轉身和滑行該怎麼做，以及泳鏡起霧或被取消資格等等潛在的問題。無論是最好還是最壞的情況，他都已經想像出來並為此做好了準備，防患未然。

謝謝你，前額葉皮質。

▼各式各樣思考未來的方式

儘管許多人認為幸福的關鍵就在當下，不需要模擬，但前額葉皮質賦予了我們想像未來的非凡能力，這是很大的優勢。焦慮促使並激發我們關心未來即將發生的事，幫助我們有備無患。不過，正是人類對未來各式各樣豐富的想像力決定了我們如何應對焦慮——是利用它還是被它利用。

我們思考未來的方式往往會落在樂觀和悲觀之間，以及「相信一切都在掌控之中」和「覺得自己是命運的俘虜」之間，焦慮便以一些令人意外的方式伴隨而來。

我們都知道「樂觀」是假定未來會順利，我們得到的成就和成功將比失敗來得多。大部分的人都偏向樂觀。就像許多研究做過的，問問一個年輕人：「與其他同齡、同性別和同樣背景的人相比，你有多大的可能性會獲獎受到肯定，擁有高薪的工作，與一生的摯愛結婚，並活到八十歲以上？又有多大的可能性會出現酗酒問題、被炒魷魚、感染性病、離婚或死於肺癌？」大部分的人都認為，好結果發生的可能性遠高於平均，而壞結果發生的可能性低於平均。[2] 只不過在統計上，正確的答案是：運氣。

樂觀在現實生活中有明顯的好處，像是增加動力、強化努力並實現目標以提升幸福感。然而，想像一個正面的未來並不一定會讓我們更快樂、調適得更好。有些保持樂觀的方式甚至可能弊大於利。

有個例子叫做「正面放縱」（positive indulging），[3]這是一種幻想的形式，指的是我們想像一個理想的未來，但無法將它與現實連結在一起。我們會想：「我想要一份令人滿意的高薪工作。」但卻忘記了我們沒有學位或有用的技能，而且每星期只願意工作二十個小時。我們從來不去想該如何達到目的地。當我們用這種不切實際的方式做白日夢時，就不太可能全心全意地實現未來的目標，也不太會為了克服障礙而制定計畫。我們沉迷於這種幻想，因為它在當下的感覺很好，甚至有研究顯示出，它能短暫地提振心情，但長久下來，我們很有可能得到不如預期的結果，陷入失敗的痛苦而無法自拔。

由於當個樂觀的人感覺很好，因此我們經常認為，悲觀是不健康的思考方式，這種未來思維的陰暗面會讓人感到更加焦慮和沮喪，導致我們無法實現目標。但事實比這更複雜。

悲觀可能導致好與不好的結果。在極端的情況下，悲觀的負面性質非常明顯，還經常伴隨著焦慮症，例如：

將事情災難化：「這絕對會是一場具毀滅性的可怕災難。」

元擔憂（metaworry）／對擔憂的擔憂：「如果我變得焦慮或擔心太多，就會對自己造成傷害，或導致壞事發生。」

無法忍受不確定性：「我的未來不可知也不可預測，太可怕了，我沒辦法接受；負面事件隨時都會發生。」

我們可以在各種焦慮症當中看見這些悲觀模式。[4] 舉例而言，災難性思維常常出現在創傷倖存者身上，[5] 他們很容易陷入痛苦的循環，根據過去的經驗去想像未來（「我明天早上照鏡子會看到襲擊留下的傷疤」），或是一般的小題大作（「我明天面試新工作時會完全崩潰，對方一定會叫保全把我押送出去」）。至於飽受焦慮之苦的人，像是廣泛性焦慮症的患者，雖然他們會擔憂個沒完沒了，希望能預見威脅和問題以找出解決方案，但也會意識到，擔憂本身就是一種危險，並產生像是「擔憂會讓我失去理智」、「我再擔心下去會傷身」、「擔憂可能造成心臟病發作」的想法。

如果悲觀變成一種習慣，就可能導致真正具有破壞力的「悲觀確定性」（pessimistic certainty），[6]也就是我們不只假設壞事會發生，還認為自己無力回天。悲觀確定性讓高度焦慮更加惡化，如果它蔓延到相反的另一面，**確信好事不會發生**，就會引發憂鬱症和自殺念頭。[7][8]當我們再也看不到事情改善的可能性，活著也變得沒意義。

不過，考慮未來的負面因素也有幫助。針對衰老和疾病的研究顯示，關注未來最大的負面因素之一，也就是自身的死亡，有助於我們珍惜當下。意識到自己的壽命是有限的，不管是因為年老還是生病，都會讓我們優先考慮健康目標，像是與親朋好友建立強大的情感連結，或是享受愉快的活動。想像無可避免的死亡能促使我們追求當下的快樂。[9]

在樂觀到悲觀的光譜上，焦慮落在哪個地方？令人驚訝的是，它往往位於正中間，因為它不僅僅是關於正面或負面的未來，它強迫我們面對不確定性。

想像一下，某個人要求你連續兩個星期每天做下面這件事：「請試著以最準確的方式，設想明天可能發生在你身上的四個負面事件。從日常生活的小事到非常嚴重的大事都可以。例如：『我已經急著要去參加茱莉的婚禮，理髮師卻毀了我的頭髮。』、『當我早上沖澡時，水突然變得很冷。』、『我的醫生拿到剛出爐的檢驗結果，說我的視力問題是因為長了腫瘤引起的。』」

但如果換個方式呢？某個人說：「請試著以最準確的方式，設想明天可能發生的四個中性例行公事，那些你平常不會注意到的事，例如：刷牙、洗澡、綁鞋帶、搭公車或打開電腦。」

一項大約一百人的研究就這麼做了。[10]當受試者被要求想像兩個星期的負面事件時，心情沒有發生太大變化——焦慮沒有增加，快樂也沒有減少。反而是被要求想像中性、單調、日常的事件時，焦慮減少了。

這一個令人出乎意料的發現告訴我們，不確定性（不僅僅是悲觀或樂觀）是讓焦慮感覺起來不舒服的原因，因為焦慮和不確定性密不可分，即使是思考或計畫最平凡、最容易忘記但可預測的未來事件（像是刷牙這麼簡單的事）都能讓我們控制焦慮情緒。熱愛列清單的人（包括在座各位）已經知道這一點。

如果焦慮的進化功能讓我們專注於不確定的未來，並激發我們做出改變，那麼我們還擁有另一個思考未來的有用之處：我們必須相信自己有力量控制和形塑未來。

當我們思考未來時，會相信自己是故事的敘述者，還是命運的無助受害者？這是控制信念（control belief）的光譜兩端，我們在上面所處的位置會對情緒幸福感產生強烈的影響。當我們對自己掌控命運的能力失去信心時，可能看起來很現實，但也會更加沮喪。這在心理學叫做「憂鬱現實主義」（depressive realism）：更悲傷，但也可以說是更明智。這要付出很高的代價。

值得慶幸的是，儘管證據相反，但大部分的人都偏向相信我們可以掌控未來，即使理智上知道不可能。如果我稱之為「神奇思維」可能有些主觀，但事實就是如此。許多研究檢視，我們如何以各式各樣的思考方式認為自己可以控制無法控制的因素，並發現多數人相信只要肯賭一把，運氣就會帶自己走向勝利。心理學最早的研究之一顯示，[11]絕大多數的人在骨子裡都相信，如果我們可以挑選一張彩券，而不是被隨機給予，中獎的機會比較高。同樣的控制錯覺（illusion of control）也適用於不靠運氣的情況：我們相信只要意志力夠堅定，就能將夢想變為現實，同時避開災禍。

這是因為我們會很自然地將成功歸功於自己，而將失敗歸咎於外在因素。這種詮釋事情的習慣，假定了我們可以控制生活中的正面事件，心理學家稱之為「內在穩定普遍歸因型態」（internal-stable-global attributional style）：[12]它是內在、穩定、普遍的，因為我們將好的事件歸因於自己，而非他人的努力（內在而非外在），我們認為每次幾乎都會是如此（穩定而非不穩定），並且確信不管是在生活的哪一種情況下都是一樣的（普遍而非特定）。這些歸因會延伸到未來，是我們可以預期明天和之後每一天會發生的事。研究一次又一次地顯示，這種將未來想成是受控的不確定性的思維，在本質上是種謬誤，卻促進了健康的情感生活。

反過來說，當我們破除這種正面事件的控制錯覺時，比較會感到憂鬱。憂鬱甚至會完全顛覆這種健康的歸因型態，讓我們變成相信正面事件是由外在、不穩定而且特定的因素造成的。也就是說，好事發生只不過是偶然，超出我們的控制範圍，不是每天都有。這樣的未來很難讓人有所期待。

焦慮與憂鬱形成鮮明對比，前者欣然接受並利用這種內在穩定普遍歸因型態。當我們感到焦慮時，即使很強烈，還是會相信自己可以讓美好的事情發生。為了幫助焦慮做到這一點，我們在心理上最常採取的行動大家都很熟悉。

那就是擔憂。

▼擔憂是相信自己能掌控未來的信念

大部分的人，包括我自己，都會在日常生活中交替使用「擔憂」和「焦慮」這兩個詞。但在心理學中，它們被視為截然不同的東西。焦慮是身體感覺、行為和思考的混合物。胃部糾結、喉嚨發緊、坐立難安都是身體的感覺。行為則是當威脅反應被觸發時所做的事：戰鬥、逃跑或凍結原地。

除此之外，大腦會試著找出我們焦慮的原因，以及接下來該怎麼做，這個思考就是所謂的擔憂，然而擔憂具有「相關性」，但焦慮不一定有。焦慮可能是浮動的，沒有明顯的對象或焦點。我感到焦慮，但不知道為什麼，真煩惱，所以我試著讓自己平靜下來，比如說，深呼吸，或是（可能比較不明智地）喝一杯酒。反觀，擔憂是尖銳、定向的：「我擔心付不出房租」、「我擔心我會死於和爺爺一樣的病」。當我們感到擔憂時，可能還是會拿那一杯酒來喝，希望它有所幫助，但我們也準備好要做一些真正有用的事情，像是問自己：「現在該怎麼做？」

透過擔憂，我們會開始想辦法處理引發焦慮的情況——「我需要弄到更多的錢，才能付房租」、「我必須去看醫生並做檢查，才能知道有沒有得病」。擔憂是不安、持久、沒完沒了的，因為它的目標、唯一的目的，就是幫助我們思考如何應對威脅，並讓事情有好結果。

你可以感到焦慮但不擔憂，因為你的焦慮感可能模糊不清、難以界定，但你不可能感到擔憂但不焦慮。為了研究焦慮，研究人員實際上指導人們「如何擔心」，要求人們產生特定的想法或觀念，而焦慮的感覺往往就隨之而來。

顯然地，擔憂的感覺並不好。它很容易讓焦慮惡化，把焦點放在麻煩和不確定性，還會觸發戰鬥／逃跑的身體反應。既然擔憂這麼糟糕，我們為什麼還要一直去做？因為它有一個極為正面的特點：擔憂讓我們覺得自己好像有在做事。當焦慮出現時，擔憂經常會被觸發，以加速對未來的心理模擬，促使我們計畫接下來該怎麼做。接著，因為我們相信自己能掌控未來，所以我們會一直去擔心。

我對擔憂的「思考—計畫—控制」本質有切身的了解，因為我經歷過人生中最

確認擔憂與焦慮的關聯[13]

步驟1：花點時間關注身體的感覺，像是呼吸、心率、肌肉（尤其是肩膀和臉部肌肉）以及坐姿或站姿（緊繃還是放鬆）。接下來，把注意放在思考，你現在心裡在想什麼？

步驟2：列出三件讓你焦慮的事，並選出一個最強烈的。花整整一分鐘，全神貫注地想著那一個最強烈的焦慮觸發因素。可能的話，盡量生動地去想像，包括影像、細節、可能發生的最壞情況，以及你會怎麼做。

步驟3：一分鐘結束後，重新把注意力放回到身體上。你的心跳加快了嗎？你覺得虛弱還是發熱，僵硬還是喉嚨乾燥？你的呼吸變得急促了嗎？胃部是否糾結？

令人焦慮的事件：得知我兒子有先天性心臟病。

我在懷第一個孩子凱維時發現他的病情很嚴重，必須在出生後幾個月就進行開心手術。在這個情況下，理所當然會擔心。但比較不明顯的是，從我兒子確診到還沒六個月大就動手術和復元的這一年間，擔憂是我最好（雖然也最令人筋疲力盡）的朋友之一。我感覺到的恐懼並沒有幫上什麼忙，浮動的焦慮還稍微有點用處，因為它讓我能夠撐下去。但真正讓我有先見之明並為兒子採取必要醫療介入的情緒，是焦慮當中的擔憂。擔憂促使我思考如何盡量提高手術成功的機率，並將最壞結果發生的可能性降到最低。

我憂心忡忡。在懷孕期間，我擔心他的預後，以及出生後病情會多嚴重。我一遍又一遍地想像，照顧生病的寶寶會是怎麼樣的生活；我想要和奧運游泳選手一樣，在腦海中演練比賽中的每一次划水，只不過是換成母親的身分，設想兒子的危急狀況。我迅速切換成資訊蒐集模式：我閱讀了所有關於凱維病情的論文，搜遍先天性心臟病社群的部落格網站，在每週產檢時透過一般超音波和心臟超音波追蹤他的發展，同時問了醫護人員無數個問題。

擔憂幫助我制定計畫：在幾個月大而不是一出生時就接受手術，可以讓他的心臟有時間長大和變強壯；我們請了一名保姆，讓他在家時都能有人照顧；我擔心能不能找到最好的外科醫生。我們有幾個優秀人選，不得不在其中做出選擇——我們應該選對病人態度比較好的，還是每個人都說即使隔壁房間有炸彈爆炸，依然眼睛不會眨、手也不會抖的？（我們最後選了手不會抖的醫生。）每個星期，我都會想像最好和最壞的情況，與專家討論每一個突發事件，並盡可能規劃好照顧他的每一個細節。當然，我也擔心：我們到底要怎麼度過這個難關？

最終，正是擔憂幫助了我們度過難關。它不但讓我以極高的效率做好準備，也在情緒上有所助益，因為我一直相信著，只要我努力地去規劃、做事和思考，我們的兒子就會活下來並成長茁壯——儘管我也很清楚，要完全掌控未來是癡人說夢。我會擔憂代表我相信，即使面對不久前才像是被宣判死刑的疾病，我們還是可以為兒子的生存而奮鬥。

不過，別誤會我的意思，擔憂並不是百利而無一害。長期和極端的擔憂會破壞而非幫助我們創造想要的未來。舉例而言，憂慮是最常見的廣泛性焦慮症的關鍵組成。在更早的幾個世紀，廣泛性焦慮症被稱為「普汎性恐怖」（pantophobia），也就是對一切的恐懼。這種說法有其原因，因為被診斷出患有這種疾病的人什麼都要擔心，不管是世界局勢、財務、健康、外表、家庭、朋友、學業還是工作。這樣普遍的擔憂相當耗時，也帶來痛苦，因為它給人失控和沒完沒了的感覺，就像心中有一個永動機。如此全面壓迫的毀滅力量可能導致身心崩潰。

賓夕法尼亞州立大學（Penn State）研究人員在二〇〇四年的一項研究中說明了這種危險。[14]他們要求患有廣泛性焦慮症的人做兩個完全相反的舉動：首先，去擔心真的讓他們感到困擾的事，再來，平靜地把所有注意力集中在呼吸上，盡量放鬆。在呼吸練習中，他們寫下了自己是否仍然因為揮之不去的擔憂而心煩意亂。結果顯示，即便經歷了呼吸練習，他們還是深受擔憂之苦，無法集中注意力，感到煩躁、緊張和疲勞。換句話說，無法停止擔憂。在最極端的情況下，即使是在安全和

如何緩解擔憂和焦慮？

擔憂與焦慮的關係基本上分成由擔憂觸發焦慮，或由焦慮觸發擔憂，但兩者會互相影響。如果擔憂的事情沒有解決，便會引發焦慮並進一步誘發更多擔憂。廣泛性焦慮症患者時常會習慣擔憂，並進一步促發對未來所有事情的焦慮感。

腹式呼吸法

緩和焦慮並不難，可以定期練習放鬆，例如運動（分泌多巴胺）、腹式呼吸或冥想。然而如果是影響生活的焦慮症，那普遍的練習放鬆並無助於短期內改善症狀。

腹式呼吸是常見的呼吸練習，步驟簡單，照著做就可以明顯緩和焦慮：

步驟1：坐著或俯躺，雙手放在肚臍上並指間相觸

步驟2：從鼻子吸氣，約吸氣4秒後閉氣2秒，要明顯感受到肚子上的手指分開，可在心中默念讀表

步驟3：從嘴巴吐氣約7秒，速度越慢越好

步驟4：重複步驟1～3，持續約5～10分鐘

放鬆的時候，擔憂也會自動湧上。

▼選擇屬於你自己的冒險

思考未來可能有益，也可能有害，但把心思投射到尚未到來的時刻，總是會產生某種情緒：也許我們會感覺到不安的顫抖、高度的專注和加快的心跳，或是在未雨綢繆地調配資源時，腎上腺素一陣飆升。我們的思想已經進入了未來，不確定性、焦慮和希望都在此共存。

這種模擬在本質上讓我們充滿活力。過去和現在都不能帶來這樣的優勢或急迫感。焦慮告訴我們，什麼都不做，只等待未來發生，可能很糟糕，所以我們最好主動創造想要的結果，選擇屬於自己的冒險。

兒子的手術日期確定後，我的大腦開始動起來：我們會叫一部車，在早上六點出發去醫院。這樣就有足夠的時間，而且不必擔心開車的問題。報到後，會見到一位護士，我可以問最後的問題。事實上，我會在前一晚先把盤踞在心中的問題寫下來，以免抵達時腦袋一片空白。與護士會面後，麻醉醫師會解釋接下來的程序，並給凱維服用鎮靜劑，讓他睡著。我會鬆了一口氣，因為不用去考慮他會不會害怕。我不知道該不該親自帶凱維去手術室。如果我親自把他交給手術團隊，感覺會比較好嗎？

我帶他去的話，翻開第二十頁。如果由我丈夫來做這件事，跳到第五十三頁。

這裡好像不太適合開玩笑。但想像接下來會發生什麼事，然後在可能的路徑中做選擇，等於是用「未來的時態」看待兒子的手術。擔憂和計畫占據了我所有的心思。我的思緒飛快地運轉。雖然只是心理模擬，但我的心跳加快了，彷彿在進行準備。當我面對不確定的未來時，會感到焦慮、期待、恐懼、困惑，但也因此更加專注。接著，我把自己拉回當下，喘口氣，別深陷擔憂的泥淖，但此刻我並沒有忘記眼前的危險，而是加倍做好心理準備，盡我所能得到好的結果。

從回憶和當下的角度來看，我對這場手術有著非常不一樣的體驗。以「現在」

的觀點來看，在手術當下，我的想法和感受源源不絕地冒出來，有些關於手術、有些關於其他事情：「喔不，要我親自把他交給手術團隊，我可能無法放手，而且這個又大又亮的房間擺滿了閃爍的金屬器械，我大概會昏倒或嘔吐。我最好別吐在醫生身上！好，安全過關，他在手術室了。我只要記住，一切都會沒事。我們有最厲害的外科醫生。這種程度的手術對他來說根本是小菜一碟。好，這裡是等候室。真的好安靜。有人在角落竊竊私語。老公跑去哪了？噢，他在這。真感謝親朋好友來陪我們。呃，這咖啡好難喝，害我更想吐了。我幹嘛還一直喝？現在時間過了多久？一小時？三小時？那個開門出來的人是我們的醫生嗎？手術完成了？不。是他嗎？不是。這個呢？也不是。什麼時候會結束？為什麼有人要噴這麼重的香水？」我的思緒飛快奔馳。

然而，從「回憶」來看，時間變慢也拉長了，我不斷對自己重述這個手術的故事。在其中一個版本的故事中，我專注於自身的感受：在等待時感覺到的冰冷恐懼；痛苦地在腦海中想像醫生切進凱維的胸腔，打開他的肋骨，讓他小小的心臟停止跳動以執行手術；隨著一分一秒過去，越來越疲憊不堪；還有謝天謝地，當醫生終於走出來，告訴我們手術很成功時，那種難以言喻的如釋重負。在另一個「回憶」的版本中，有獨特的細節和形象定義這段經歷：等候室無菌的外觀；麻醉醫師過來建議我們（沒騙你），趁等待的時間去街角一家很棒的三明治店，講得好像我們吃得下東西一樣；門打開的那一瞬間，出現的人不是我們盼望的醫生，但是是一個親愛的好朋友，讓我們感到一陣安慰；手術結束後，當凱維在醫院康復並表現良好時，我確定他不僅會沒事，還會成長茁壯。當我越去詳細重述過去的正面細節、回顧相同的時刻，並四處添加細節和詮釋，我的感覺就越好。我喜歡坐下來沉浸在回憶過去的故事中，就像洗個熱水澡。

「回憶」是緩慢的敘事體，讓我們能夠創造一個舒服的故事來述說；「當下」是迂迴的經驗流，蜿蜒前行；但「未來」是動態的，充滿動力，朝著一個尚未發生但我們想要實現的結局前進。

▼失樂園

預見未來是焦慮的必要條件。當我們焦慮時，「接下來會發生什麼事？」這個問題包含積極性和危險性。未來就好像微弱的無線電信號。當我們轉動旋鈕，試圖找到正確的設定時，焦慮會推動我們調到想要的未來頻道。實際上，不可思議的人腦也是現實模擬器，它進化不是為了無意間走入未來，而是為了想像它，進而創造它。

這就是為什麼如果我們想要高枕無憂，預見未來可能不是最好的選擇。如同我們將在第十章看到的，「當下的感受」大行其道。但如果我們想要把工作完成，並為重要的事情提早制定計畫，那麼我們只能選擇未來——雖然必須在適當的程度上。這就是焦慮同時具有保護性和生產力的原因，成為推動人類達到非凡成就的主力。在本章節的開頭，我兒子凱維問道：「我們怎麼能對同一件事感到焦慮和充滿希望呢？」我給他的答案是：「我們只有對在乎的事情才會焦慮。而值得在乎的事情有很多。」

諷刺的是，如同我們將在下一個部分看到的，人類最偉大的成就，像是語言、哲學、宗教和科學，逐漸削弱了我們利用焦慮來達成願望的能力。我們現在對焦慮的看法幾乎完全將它從優勢變成劣勢。幾乎。

PART 2

我們對焦慮的誤解如何形成

4 把焦慮當成疾病的故事

正如我們所見，焦慮不只是我們情緒螢幕上的一個小光點，因為人類天生就會焦慮。焦慮深深嵌入我們古老的防禦生物性中，與我們對於人際交往的深層需求有著內在固有的連結。焦慮使我們有別於其他動物。沒有焦慮，我們可能永遠不會成為文明的締造者——或甚至無法成為倖存下來的物種。

但我們似乎沒有善加利用我們與焦慮的關係。當我們在二十一世紀的今天審視自己時，我們發現，哪怕是最溫和的焦慮情緒，我們都當成是不必要的負擔。我們如此害怕焦慮，以至於為了逃避或壓抑焦慮，甚至不惜一切。

我們將焦慮當作是種疾病。

焦慮從一種有利的情緒變成了不必要的疾病的轉變，並非一夕之間發生。我們花了一千年的時間成功欺騙了自己，使自己相信這種演化的勝利是種疾病，引導我們走上瘋狂與恐怖的曲折道路。要講述這個故事，我們必須從現代醫學在黑暗時代的根源說起。

▼中世紀對焦慮的看法

中世紀早期的西歐，羅馬帝國正處於土崩瓦解的最後階段，天主教會占據了人們生命舞台的中心，從人們如何崇拜、吃什麼、何時工作，到他們如何思考生命、死亡及來世，教會塑造了一切。

在當時，焦慮這個詞和它在今天的意思完全不同。當時的人們認為它是種身體上的感覺，這個詞的詞源即可簡要說明一切：拉丁語angere為「窒息」之意，而甚至更古老的原始印歐語angh，則意味著「痛苦地收縮」。還有一點也和今天不同——當今天的我們不受拘束地使用這個詞來描述任何痛苦或憂慮時，中世紀的焦慮一詞（即拉丁語的anxietas、英語的anguish、法語的anguisse，以及日耳曼語和斯堪地那維亞語系中的angst），卻幾乎不是日常對話的一部分。

然而，教會使焦慮成為精神生活的關鍵組成，改變了這一切。焦慮成為描述靈魂所受痛苦的常用詞彙，闡述靈魂落入罪的網羅、熱切渴望救贖，並對地獄中的永世折磨感到恐懼——但丁在他的十四世紀史詩《神曲》（*The Divine Comedy*）中細膩地描寫了地獄。[1]

事實上，《神曲》第一卷《地獄篇》（*Inferno*）開篇就喚起人們對彼世的焦慮，主人公朝聖者但丁（Dante the Pilgrim）迷失在黑暗的森林中，展開了他穿越九層地獄與煉獄前往天堂的恐怖之旅：

> 行路至人生的中途，我發現我已經迷失了正路，置身於一座黑暗的森林中。

啊！要說明這座蠻荒、粗野、峻厲的森林，是如何地困難呀，只要一想起它，我就膽戰心驚。

（*Inferno*, canto I, 1-6）

地獄同心圓的每一層都是一個圍繞著特定折磨而構建的城市，就像是個經過規劃的都市空間，但是但丁越往地獄深處走，裡面囚禁的罪人就越壞，這些折磨包括火湖、火沙、釘十字架、埋葬露天墓地及浸泡在膽汁裡等。《地獄篇》以義大利方言寫成，配以令人駭異的插圖，以日常語言描述罪人在彼世將遭受的永恆痛苦。由於地獄的恐怖及詛咒的威脅如今支配著中世紀心靈，焦慮隨之成了人們熟悉的情緒，加入了其他主日講道的關鍵抽象概念行列，成為希望、信仰、良心、純潔及救贖之中的一員。

由於焦慮的意義變得更為精神化，它的治療方式也發生了變化。當時靈魂的醫治者，即天主教教士們，開立並給予包括懺悔、苦行及禱告的藥方。正如聖奧古斯丁（Saint Augustine）的教導，「只有當你在焦慮不安時緊緊抓住上帝不放，上帝才能解除你的煩惱。」

這種將焦慮視為一種需要神來解除的精神狀況的概念，在整個神聖羅馬帝國變得十分普遍，而帝國的範圍橫跨今天的四十八個國家，最遠北達蘇格蘭，南及於整個歐洲，直到亞洲及北非。然而，不久後，另一次的典範轉移將進一步推動焦慮向前邁進。

▼無論啟蒙與否，我來了

十七世紀時，自由及個人主義觀念推動人們向舊有的作法及權威提出質疑。「敢於求知」（sapere aude，dare to know）是啟蒙運動的座右銘。思想家及科學家藐視教會的嚴厲譴責，因此經常被燒死在火刑柱上。他們運用經驗主義、科學觀察及數學工具來解釋自然世界的奧祕，並取得了新的技術成就。

這一時代最重要的書籍之一是《憂鬱的解剖》（*The Anatomy of Melancholy*），[2]

由大學教授兼圖書館員羅伯特・伯頓（Robert Burton）於一六二一年所撰寫。儘管他以醫學教科書來介紹這本書，但這本關於對情感病態的百科全書式概述，使得此書集科學、哲學及文學性於一身。雖然書中引用了古代醫學權威如希波克拉底（Hippocrates）和蓋倫（Galen）的文字，但也充滿了經驗觀察、個案研究以及對情感痛苦的同情描繪。書中談及的憂鬱不限於抑鬱（depression），還包括焦慮及一系列的身體不適、幻覺及妄想。伯頓甚至將宗教憂鬱，或「無神論者、享樂主義者和異教徒」在宗教情感上的缺陷，也納入名單之中。

伯頓的目標是解構及剖析憂鬱，他首先從憂鬱的原因及症狀入手，接著才談及治療——就像人們對任何其他疾病的作法。他的觀察和我們現代對焦慮症的看法沒有太大不同：焦慮症會使患者持續受到憂慮折磨，因焦慮而生病，直到「恐懼的厲鬼」令他們出現「發紅、蒼白、顫抖、出汗、忽然通體發冷發熱、心悸、昏厥等」症狀。他形容人們變得「因恐懼而震驚」。

雖然已故法裔美國歷史學家雅克・巴爾贊（Jacques Barzun）稱呼伯頓是「第一

位系統性精神病學家」，但他可能連這個稱謂的候選人都不是。也許是因為憂鬱來襲的緣故，他在牛津大學受教育的時間異常漫長。他長期而廣泛的各種研究幾乎涵蓋了他那個時代的所有科學，從心理學、生理學，到天文學、神學和惡魔學——這些全都是《憂鬱的解剖》的知識來源。

這部離題且如迷宮般繁複的書在他生前被重印了不下五次，不同世紀的傑出人物都曾讀過，包括班傑明・富蘭克林（Benjamin Franklin）、約翰・濟慈（John Keats，他說這是他最喜歡的書）、山謬・柯立芝（Samuel Taylor Coleridge）、歐・亨利（O. Henry）、藝術家塞・湯伯利（Cy Twombly），以及作家豪爾赫・波赫士（Jorge Luis Borges）。山謬・貝克特（Samuel Beckett）以及尼克・凱夫（Nick Cave）也曾語帶讚賞地提及。

《憂鬱的解剖》是將焦慮轉化為疾病的一本開創性著作，但十七及十八世紀的哲學劇變又推了一把，將伯頓那地獄般的「恐懼的厲鬼」所在之處，[3]定位於思想而非靈魂，並主張只有理性思維才能駕馭非理性的情感。畢竟那是「理性時代」，人們對教會解釋的信心已逐漸減弱。

然而，新的後啟蒙運動心靈——有能力思考、想像未來及建構現實——也很脆弱，因為中世紀時信仰所帶來的確定性被剝奪了。當自由的意志、隨機的命運，以及難以預測的激情產生矛盾與碰撞時，焦慮隨之而生——後來的人稱為存在焦慮（existential angst）。

事實上，那些經歷過這次典範轉移的人往往付出了焦慮的代價。十八世紀的英格蘭是世界上最自由、最進步、最現代的社會，但焦慮與心理健康問題似乎無處不在。此時期自殺率急劇上升，甚至被稱為「英國病」。弗朗索瓦－勒內・夏多布里昂（François-René de Chateaubriand）在十八世紀末時曾寫到，這個自由自在、不受拘束的社會因「焦慮及優柔寡斷而病了」。

對西方世界的許多人而言，保有思想自由並與天國靈魂分離的事實雖然無可否認，但也難以承受。這使得人們需要新的、現代的靈魂治療師。早期的心理學家及精神病學家（人們稱之為瘋人學家〔alienist〕及心靈感應者〔mentalist〕）因而誕生，並根深蒂固了「焦慮是種病」的想法。

▼焦慮的醫療化：從顱相學到「鼠人」

十九世紀到來，醫學社群極為關注當時被視為頭腦的疾病，即精神病的治療方式。偽科學理論如顱相學（它利用分析頭顱上的突起來預測情感及人格特質）點燃了「身體原因性」（somatogenic）與「心理原因性」（psychogenic）之間的辯論。身體原因性主張，精神病源自於大腦和身體（即拉丁文的soma），與其他疾病沒有甚麼不同；但主張心理原因性的一方則反駁說，精神病必然起源於如創傷之類的心理狀態和經驗。十九世紀下半葉時，佛洛伊德是心理原因派理論家中最知名也最具影響力的一位——儘管接受醫師培訓的他一開始是站在身體原因派，認為焦慮和精神病都是純粹的生物現象。

無論源自於心理或生物現象，這場將投藥治療精神疾病的方法標準化的運動日益壯大，而焦慮始終都備受矚目。這代表了進步，因為在過去人們認為是「蒸汽」引起焦慮發作，治療方式則是嗅鹽，甚至是驅魔。

歇斯底里是十九世紀最常見的焦慮症診斷之一，這個詞彙源自希臘語中的「子宮」，被認為是種婦女病，原因是在身體各處胡亂移動的「遊走的子宮」阻塞了體液（humors）的健康循環。由於過度情緒化及非理性的煩惱不安，一個歇斯底里的人會出現各種千奇百怪的症狀，如：呼吸短促、昏厥、痲痹、疼痛、耳聾及幻覺等。儘管越來越多醫學知識表明「子宮遊走」的看法並不可信，佛洛伊德及其追隨者仍經常治療歇斯底里症。不過，他們治療的方式比較科學又嚴謹：運用談話療法（talk therapy），來鎖定是哪些受壓抑的記憶及欲望會引發歇斯底里。

儘管在當時，歇斯底里及其他焦慮形式的臨床治療變得越來越普及並被普遍接受，但直到一九三〇年代，並且要到佛洛伊德一九二六年的小書《抑制、症狀及焦慮》（*Hemmung, Symptom und Angst*）於一九三六年被翻成英語的《焦慮問題》（*The Problem of Anxiety*）後，[4]心理學及精神病學的英語教科書才開始使用焦慮一詞。有趣的是，佛洛伊德和他的德語同胞一樣使用了「Angst」這個他們童年就知道的詞彙，但這個詞彙卻在此時才緩緩擴散到了英語人士的意識中。一九四七年，在經歷了兩次世界大戰的災難性損失與恐怖之後，奧登（W. H. Auden）便用焦慮來為他所生活的時代命名。[5]

佛洛伊德（及許多後來的治療師）都認為焦慮是種常見並且大體上健康的情感。然而，隨著佛洛依德式精神病理論越來越常討論創傷、潛抑（repression）及精神官能症（neuroses）（這些都會引發焦慮），焦慮成為了精神病學工作的核心。如果沒有焦慮，就幾乎難以想像精神疾病。

以佛洛伊德最知名的個案研究之一「小漢斯」為例。這名真名為赫伯特的病患是佛洛伊德友人、當時知名的樂評家邁克斯・葛拉夫（Max Graf）的兒子。赫伯特小時候目睹了一匹馬拉著一車沉重的貨物，在街上倒下死去。這件事在他心裡留下了創傷，使得他五歲時就害怕馬、因為害怕看到馬而拒絕離開家，甚至整天想著馬會進到房子裡咬他、懲罰他曾希望馬兒倒下並死去的想法。他因此備受折磨。

佛洛伊德在一九〇九年針對這個個案發表了一篇論文〈一個五歲男孩的恐懼症分析〉(Analysis of a Phobia in a Five-Year-Old Boy)，[6]在這篇報告中，他主張這名男孩對馬的恐懼不是直接來自於他曾目睹馬在街上倒斃。相反，他將對父親的恐懼轉移到馬匹上才是主因。馬匹使用的眼罩，讓馬看起來像是戴眼鏡的人，而他父親正是個戴眼鏡的男人。男孩無意識地希望他父親離開或死去，因為他認為父親會跟他爭奪母親的愛——這就是所謂的戀母情結(Oedipus complex)。這樣的想法引起了赫伯特的焦慮(包括害怕自己被父親閹割的焦慮)，只有透過轉移的防衛機制——也就是將他對父親的恐懼轉移到馬匹上，才能緩解。他難以容忍自己對父親的敵意，為了幫助他釋放焦慮，治療方式就要設法幫助他表達焦慮，就像鬆開一個壓力閥。當赫伯特能夠描述他的幻想時，他對馬的恐懼就消失了，他不再有閹割焦慮，對母親的愛也得到了接納。

另一個著名的佛洛依德病患被稱為「鼠人」，佛洛伊德在一九〇九年的文章〈一個強迫官能症案例記要〉(Notes upon a Case of Obsessional Neurosis)中描述了他的強迫症症狀。[7]這名病人多年來飽受強迫性憂慮的困擾，始終擔憂除非他進行特定的強迫行為，否則不幸會降臨在他的親人或密友身上。即便在他父親死後，他仍持續擔心自己會受到傷害。鼠人的症狀看起來很像我們今天所稱的強迫症。

佛洛伊德運用諸如自由聯想法（free association）等技巧來揭露潛抑的記憶，他認為這些記憶引發了強迫性的憂慮。鼠人的關鍵記憶來自他的從軍生涯，當時他得知了一種酷刑的可怕細節。這種酷刑將人放在一個裝有活老鼠的容器中，而老鼠必須咬穿這個受害者才能逃離。可憐的鼠人腦海中一直難以擺脫那個畫面，他擔心自己親人或朋友會受到這種酷刑的折磨。他還認為，如果花錢請人幫他到郵局拿包裹，就能在某種程度上避免這個可怕命運，如果不這麼做，他會變得越來越焦慮，直到有人幫他完成這個魔法般有效的儀式為止。

佛洛伊德如何理解鼠人的強迫症呢？他認為這是由一種完全不同的潛抑焦慮所引起——他潛抑的童年恐懼，害怕一旦父親發現鼠人過早與童年的家庭教師產生性關係，他就會受到嚴厲的懲罰。當他對懲罰的恐懼受到壓抑時，他對父親的敵意也被驅逐到潛意識中。鼠人如何處理這些由潛抑的焦慮和敵意交織而成的複雜情緒呢？他用對可能殺死他父親（後來是殺死所有他愛的人）的奇特酷刑的恐懼替代了情緒。佛洛伊德用了十一個月的時間將所有潛意識黑暗中的焦慮，帶進意識的光明之地，使得鼠人的強迫症不藥而癒。

這些經典（並且特殊）的佛洛伊德式個案研究清楚表明，焦慮是精神分析理論的基礎，並在該領域發展的最初數十年中主宰了心理學及精神醫學。焦慮是精神疾病的關鍵。它很危險。

然而，在焦慮被供奉在神壇上並被視為疾病之前，還需要經過醫療化。這一點，精神疾病診斷及統計手冊（Diagnostic and Statistical Manual of Mental Disorders，DSM）幫了上忙。[8]

ＤＳＭ定義了精神健康與疾病的面貌。ＤＳＭ是一個系統，運用分類區別並診斷不同類型的焦慮症，像是重鬱症（major depressive disorder）及思覺失調（psychosis）等其他精神疾病。第一版ＤＳＭ出版於一九五〇年代初。在過去數十年間，這本書不斷修訂，如今已發行到第五版，在各方面都變得不同於初版，但它多年來對焦慮的判斷，決定了我們的看待方式。一九八〇年時，DSM從專注於焦慮的理論面向（將任何涉及焦慮的困擾均稱為焦慮精神官能症〔anxiety neurosis〕），轉為關注於分類及定義焦慮相關疾病的獨特類型，並列出診斷每種疾病的標準清單。例如：

您是否對以下五種情況中的兩種（或更多）情況感到明顯恐懼或焦慮？

1. 搭乘公共交通工具，如汽車、公車、火車、船或飛機；
2. 身處於開放空間中，如停車場、市場或橋上；
3. 身處於密閉空間中，如商店、劇院或電影院；
4. 身處於隊伍或人群之中；
5. 獨自在家以外的地方。

如果是、如果你迴避或極度害怕這些情況並持續達六個月以上，那麼，根據

DSM，你有懼曠症（agoraphobia），即對公共場所的恐懼。醫學毫無疑問地判斷你患有懼曠症，並決定了特定的治療方法與服用藥物。

使用DSM的地方主要在美國，被臨床人員、研究人員、監管機構、製藥公司、法律專業人士、保險公司等廣泛採用。它無所不在。這不是說DSM有害或是無益，因為診斷一個嚴重且使人受苦的疾病並不容易，但卻能有效地找到解決辦法。但是DSM成功地讓「焦慮是種病」的故事變得如此完整、系統化，甚至主宰了我們今日對焦慮的概念。透過將焦慮醫療化，我們自認已經讓焦慮變得可以理解及管理了。但我們忘了，焦慮並不是一直都是種疾病。

▼安全空間的危險

「焦慮是種病」帶來的另一個結果是「安全空間」的觀念。[9]

安全空間是一個實際上或隱喻上的地方，人們可以聚集於此，而不會受到衝突、批評或威脅。安全空間的型態可以追溯到一九六〇年代的女性主義者及同志運動者，當時的安全空間是這些被邊緣化的團體聚在一起而不用擔心偏見或嘲弄的地方。

今天，安全空間在大學校園裡很常見，但是最早的安全空間是出現在二次大戰後的美國企業中，由社會心理學之父之一庫爾特・勒溫（Kurt Lewin）所創立。身為一九四〇年代麻省理工學院團體動力學研究中心（Research Center for Group Dynamics at MIT）的主任，勒溫是知名的小團體互動專家——正是因為勒溫，我們才使用社會動力學（social dynamics）一詞、說給予同僚「回饋」。他也是「行動研究」（action research）最早的倡議者，訴求理論被付諸行動以追求社會正義。一九四六年，他接到了一通來自康乃狄克種族關係委員會（Connecticut Interracial Commission）主任的電話，他希望找到有效方法來對抗宗教及種族偏見。他為了找到方法，成立了為公司管理層所開設的領導力培訓計畫工作坊，為我們今日所稱的敏感性訓練（sensitivity training）奠定了基礎。

在心理治療的啟發下，敏感性訓練的核心預設是只有當人們在小團體中誠實而不帶評判地挑戰彼此時，一個社會團體（如工作場所）才可能發生改變。為了創造這類心理上的安全空間，敏感性訓練的參與者必須同意說真話及保密，並且暫時不做評判。只有這樣，他們才能討論彼此的隱性偏見及沒有好處的行為，並指出這些行為如何損害了他們的領導能力、傷害他人，並對組織造成破壞。

敏感性訓練的主題可以是任何東西，但由於它起源於對於宗教及種族偏見的關切，因此這些偏見往往是討論的焦點。安全空間的意義在於讓人們能夠自由地分享他們真正的想法和感受而無需擔憂受到譴責，同時仍然了解到他們希望的是帶來改變。因此當一位白人主管承認她害怕男性黑人職員，或是一位黑人主管承認他對亞裔美國人同事感到憤怒，因為他覺得亞裔利用裙帶關係得到了他沒有得到的好處時，他們相信自己不會被指責是種族主義者。敏感性訓練的目標是給予並接受到誠實、有時是困難的回饋，以促成改變。

安全空間的觀念在二十一世紀徹底改變。如今，安全空間禁止人們不加掩飾地表達情感，因為設立這些空間是為保護人們的感受，因此種族主義、性別歧視、偏見及仇恨言論都被禁止，某些人認為令人痛苦的觀點、辯論及衝突同樣也不被接受。

可能有些人是從二〇一五年一篇《紐約時報》的文章中第一次聽到安全空間這個詞。在這篇文章中，朱迪斯・舒拉維茲（Judith Shulevitz）描述了發生在布朗大學（Brown University）的一場爭議，[10]背景是女性主義作家溫蒂・麥克埃羅伊（Wendy McElroy）及潔西卡・瓦倫蒂（Jessica Valenti）一場討論強暴文化概念的辯論。瓦倫蒂主張美國盛行的社會態度將性侵害及虐待正常化，並使性侵害變得微不足道，而麥克埃羅伊則不同意這個看法。一些布朗大學的學生主張不該邀請麥克埃羅伊到校園中演講，因為無論學生是否出席這次的辯論會，她的觀點都會傷害學生的情感，尤其是傷害性侵害倖存者以及對她的觀點感到不安的學生。

雖然拒絕邀請麥克埃羅伊參加辯論的努力失敗了，但布朗大學校長克莉絲汀娜・帕克森（Christina Paxson）回應了學生的憂慮，她舉行一場關於強暴文化的額外講座（沒有辯論），並成立了一個安全空間，讓那些因主題而觸發情緒的人可以休息及恢復。在這個安全空間中有令人平靜的音樂、餅乾、枕頭及毯子，還有學生及工作人員隨時準備好提供情感支持。一些進入安全空間的人覺得自己被個人創傷記憶所威脅，其他人則受困於因講者的爭議而產生的痛苦感覺。一個退避到安全空間中的學生告訴《紐約時報》記者：「我覺得受到許多觀點的轟炸，這些觀點真正違背了我珍視並緊緊抱持的那些信念。」

值得注意的是，將不同意見與情感傷害畫上等號，正好與安全空間的初衷背道而馳。在敏感性訓練中，安全空間容納困難的對話，而自制、暫時不做評判、誠實及回饋推了一把。儘管在彼此坦誠相待時對話並不簡單，但人們的偏狹心態及偏見會被指出，而不是迴避。相形之下，今天的安全空間則變成了將困難的談話視為危險並應該迴避的地方，因為造成了痛苦與焦慮。

在關於安全空間的辯論中，有兩個主要觀點。一方面，校園中對安全空間的需求，以及將對立意見定為具有情感傷害力的想法，是否將學生幼體化並侵蝕言論自由？一些人主張安全空間造成同溫層效應（echo chamber），我們被擁有類似想法的人包圍，隔絕了挑戰或牴觸自己想法的思想——這阻礙了自由交流的民主理念。

另一方面，人們也思考某些造成情感痛苦的想法，是否真的造成了心理上的傷害。觸發警告（trigger warning）的發布即與此相關。觸發警告本質上是警告作品中可能含有造成某些人痛苦的文字、圖像或觀點的內容，尤其是在性暴力及精神疾病的背景下。多年來，觸發警告在網路社群流傳，主要是為了罹患創傷後壓力症候群（post-traumatic stress disorder）的患者著想，他們可能希望迴避任何可能想起創傷的事物。

但是在課堂上使用這些警告卻在近期「觸發」了辯論。一些學者憂慮觸發警告教導學生迴避造成不適的想法，損害他們理性交流具有挑戰性的觀念、主張及看法的能力。然而，許多教授正因同樣的理由而堅定地支持觸發警告。他們深信這些警告提供學生一個機會，明確地提醒他們要準備好面對創傷或是可能令人痛苦的話題，這樣他們就能控制自己的反應，並繼續學習。換言之，他們覺得當學生處於強烈情緒中（或創傷觸發的回閃〔flashback〕或恐慌發作〔panic attack〕）時，就無法指望他們能夠正常思考，更別說是學習了。

然而，迄今為止的證據表明，觸發警告不僅無助於管理痛苦，甚至可能有害。二〇二一年，一項研究為了比較差異，將一群大學生及網路使用者分成兩組，其中一組在觀看負面內容之前給予觸發警告，另一組則無，[11]並比較兩者差異。無論他們是否收到觸發警告，或是否曾有過創傷過往，兩組人均報告了程度類似的負面情緒、侵入反應（intrusion）及迴避。在二〇一八年的一項研究中，[12]幾百名參與者被隨機分派到兩個群體，其中一組在閱讀含有各種可能造成不安內容的文學段落之前收到觸發警告，另一組則無。在觸發警告組的參與者中，焦慮增加得更多——特別是當他們認為文字會造成傷害時更是如此。這表明觸發警告可能在無意中削弱了情感復原力，甚至對某些人造成更多的痛苦。

設置觸發警告並讓我們遠離各種想法（和它們造成的焦慮）似乎沒什麼好處，

甚至可能讓事情變得更糟。而如果事先警告不意味著事先做好準備，那麼針對強烈情緒的危險發出警告，可能只會讓人們繼續相信難受的情緒會對我們造成傷害而已。

▼焦慮時代

從中世紀教會到理性時代，再到醫療的殿堂，我們已經被徹底灌輸「焦慮是種病」的故事，以至於可以倒背如流了。

每個年代都在推進焦慮的疾病故事，而不是將它視為一種正常的人類情感。在各方努力下，我們已經無可救藥地深信焦慮與受苦息息相關。焦慮始終是伯頓所說的「恐懼的厲鬼」。

透過治療、藥物與冥想教學，科學及保健專家將控制及根除焦慮變成一種家庭作坊。我們進行了數以千計的嚴格實驗研究來解構焦慮，發展黃金標準的實證療法及藥物來減弱這種情緒，至少出版了上百本的自助書籍，希望幫助人應對焦慮。然而，這些方案在根本上卻無法減少使人衰弱的痛苦發生。焦慮的頻率正在上升，在我們的孩子之中更加明顯。好消息是，有些孩子正在質疑社會既定的焦慮敘事，他們知道有些東西不太對勁。

一個陽光明媚的冬日，我在曼哈頓與一群中學生碰面時，親自體會到了這點。每年，公立學校行政人員都會選出一個學生會，而學生會的目標是接續尋找及推動一項可能帶來正面影響的任務。因為第二區學生會的目標是倡導改善學校的心理健康服務，所以我接受他們的諮詢。

我很快了解到，這些年紀介於十二至十四歲的學生們具有深刻的使命感。他們分為三個工作小組，每個小組都有一個具體目標：一個小組負責說服立法者為同儕諮商服務提供資金；另一個小組負責從市議會取得資金，以便讓學校能夠雇用更多的諮商師；第三個小組則負責遊說州議員推動法案，為該州的學校提供更多心理健康資金。

為何他們會選擇如此雄心勃勃的目標呢？這是因為他們發現周遭那些只大他們幾歲的高中生正深陷掙扎——大多數人感到焦慮，也有許多人深陷抑鬱、成癮及自我傷害的問題。幫助這些學生是他們的關懷之一，但是在問題真正加速惡化前（也就是在現在的中學階段），就爭取到成人及專業人士的協助也同樣重要。

然而，成人們並沒有提供幫助。這些孩子們已經面臨了成人的一連串拒絕——不行，我們沒有預算做這件事；不行，這樣的進展速度太快了；不行，那是不可能的。更複雜的是，即使是最善意的大人們似乎也沒有答案。當他們看見孩子們在焦慮中掙扎時，他們感到驚慌失措，彷彿想遮掩任何焦慮的痕跡——因為焦慮就是一種病，像一顆爛牙拔掉就好。顯然，這種想法幫不了什麼忙。

一個學生指出了這個困境：「真正試著要幫助我們的大人們不知道該怎麼做。他們表現得就好像可以拿走我們的焦慮一樣。但焦慮是我們一部分，所以他們能夠把它拿走嗎？他們應該這樣做嗎？」

除非我們否定這兩個問題，不然我們依然會執迷不悟地深信關於焦慮的錯誤故事——並犯下不斷嘗試擺脫焦慮的可怕錯誤。

5

舒服地麻木

「我們生活在警告當中、焦慮籠罩著未來、我們讀每份報紙都會預期發生新的災難。」

上面正段話清楚地描述了二十一世紀最初幾十年的感受，因為這是一個全球性大流行疾病、病毒式假消息、政治動盪、經濟不平等，以及無法逆轉的環境破壞帶來威脅的時代。

但這段話是美國總統亞伯拉罕・林肯在南北戰爭爆發前幾年所說的話，那是美國歷史上另一個充滿紛擾及災難的時期。

當時和現在一樣，「焦慮」都被用來說明我們的恐懼與不確定性的痛苦。自從奧登在一九四七年發表《焦慮的時代》（*The Age of Anxiety*）以來，[1]焦慮甚至成了時代的名字，因為當時有數百萬人仍在兩次世界大戰帶來的創傷中掙扎。

也許那是因為許多人無法再利用信仰、社群紐帶或是制度的支持來控制焦慮，但這些卻是構成傳統確定性堡壘的因素。所以人們轉向仍然相信的權威、現代世界的大祭司：科學家及醫師。大多數人都希望能達到「減輕痛苦」這個最值得讚美的目標，但是當涉及焦慮時，科學家與醫師卻讓人失望，而且是失望透頂。正如我們，醫療人員也相信「焦慮是種病」，甚至將這種敘述提升到下一個層次，設計出萬無一失的方法來讓人們擺脫憂慮和焦慮不安——但只是暫時的。

這個暫時的成就可以歸功於現代藥物的奇蹟，藥物確實抑制了焦慮，甚至讓人幾乎無法察覺，令我們舒緩及鎮靜下來。在過去的六十多年裡，藥物在人們與焦慮的緊密關係中非常重要。即便在爭議與辯論的籠罩下，無所不在的藥物仍然創造出一種普遍心態：當感受到情緒上的痛苦時，我們就吃藥來減輕痛苦。我們已經深信治療焦慮的最佳方法就是變得舒服地麻木。

▼化學鎮靜簡史

在二十世紀上半葉中，巴比妥鹽類藥物（barbiturate，像是鎮靜劑及安定藥）成為抑制焦慮的必備藥物。然而，當服用劑量過大時，巴比妥鹽類藥物會使人失去意識，並抑制呼吸及其他維生功能，除此之外，巴比妥鹽類藥物也容易成癮。由於這些原因，巴比妥鹽類藥物今天主要用於受控的環境——例如作為手術中的麻醉劑。然而，在一九五〇及一九六〇年代，醫師們常常開給患者巴比妥鹽類藥物來治療焦慮、情緒困擾及睡眠問題。隨著處方箋的數量增加，意外及自殺性用藥過量的情況也增加了。瑪麗蓮・夢露（Marilyn Monroe）和茱蒂・嘉蘭（Judy Garland）都死於服用過量的巴比妥鹽類藥物。遺憾的是，那些想要減輕病患痛苦的醫師們幾乎沒什麼安全的手段。

化學家里奧・斯登巴克（Leo Sternbach）改變了這一切。[2] 一九五〇年代時，他為羅氏製藥公司（Hoffmann-La Roche）的研究團隊尋找比較不那麼致命的安定劑。經過多年努力而無果之後，該公司告訴他們，停止吧。為了反抗，斯登巴克拒絕清理他的實驗室，於是整整兩年的時間實驗室都沒有被人動過。一名被派去清理實驗室的同事注意到在斯登巴克留下的那堆亂七八糟的東西中，有一個「結晶得很漂亮」的化合物。結果發現那是氯二氮平（chlordiazepoxide），具有強烈的鎮靜效果卻不會抑制呼吸。一九六〇年，羅氏大藥廠開始以利彼鎮（Librium）為名行銷這種藥物，並在接下來的幾年改良，於一九六三年創造了煩寧（Valium，diazepam〔二氮平〕）——以拉丁文的 Valere 為名，即變強壯之意。

這兩種藥物均非常成功，到了一九七〇年代時，它們幾乎已取代既有的安定劑及鎮靜劑藥物。醫學專業人士十分振奮，因為苯二氮平類藥物危險性和成癮性均較巴比妥鹽類藥物低，可以減輕他們病患的痛苦，而不會帶來風險及副作用。到了一九七〇年代中後期，苯二氮平類藥物已經是「最常用處方」中排名第一的藥物，

[3]全球每年消費量為四百億劑。煩寧受歡迎的程度讓醫生們把它稱為「V」。苯二氮平類藥物處方在一九七八年及一九七九年達到高峰，美國人每年消費二十三億顆的煩寧錠。[4]煩寧甚至進入了辭典，推動了一整個化學解壓文化（culture of chemical coping）：滾石樂團（Rolling Stones）的歌曲稱它為「媽媽的小幫手」，用來「度過她忙碌的一天」；經常旅行的商業人士稱它為「高階主管的止痛藥」，因為它緩解了經常跨時區旅行的壓力。其他的製藥公司也紛紛效法，開發出自己的苯二氮平類藥物，並取得專利。這類藥物的數目一直穩定成長，今天有近三十五種不同版本的苯二氮平類藥物獲許在美國國內外使用。

在研究人員甚至還沒弄清楚它們如何作用前（事實證明，它們改變了大腦中主要的抑制性神經傳導物質，即γ-胺基丁酸〔gamma-aminobutyric acid，GABA〕），這些製藥公司已在市面上大量銷售這些藥物長達十五年。但隨著知識的增加，臨床人員的態度也逐漸由熱情轉為謹慎，因為他們在一九八〇和一九九〇年代目睹了眾多這類藥物的依賴性、用藥過量及濫用的例子。例如，羅氏大藥廠注意到，極為有效的安眠藥羅眠樂（Rohypnol，另一種苯二氮平衍生物）成為了一種知名的約會強暴藥物：「羅飛」（roofy）。該公司不得不改變配方，使其不易溶解並會使液體變成藍色，以警告潛在受害者。

衛生保健員也逐漸意識到，儘管煩寧、安定文（Antivan）以及贊安諾（Xanax）可能比巴比妥鹽類藥物更為安全，但實在遠遠稱不上良性無害。它們的危險性來自幾個因素。一個原因是苯二氮平類藥物是神經系統抑制劑，雖然不像巴比妥鹽類藥物那樣容易造成呼吸停止及失去意識，但它們確實顯著減緩了呼吸與意識功能，同時抑制了高階決策及運動控制的能力。此外，隨著這類藥物的使用增加，情緒依賴及身體成癮的情形也出現。人們發現自己得服用越來越多的藥物才能獲得同樣的效果，並在駕駛時睡著、口齒不清、喪失記憶、腦筋變得糊塗。更糟的是，當這類藥物與鴉片類等其他藥物或酒精結合時，會產生危險的協同作用（synergistic effect），可能導致心臟急症（cardiac emergency）、昏迷及死亡。第二種危險是可能導致心理上的成癮。服用藥物時人們感覺到平靜，情緒痛苦得到了緩解。這樣的高強度內在回報並不常見，所以服用更多藥物（並得到更大情緒緩解）的吸引力也十分強大。

苯二氮平類藥物曾被認為是拯救生命、解除痛苦的奇蹟藥物，但從此後它在現代精神藥物中不再是好東西了。儘管如此，它們並沒有消失無蹤。

在二〇〇二年至二〇一五年間，苯二氮平類藥物過量死亡的人數翻了四倍，處方數量成長率高達百分之六十七。[5]贊安諾這類的藥物產業如今價值數十億美元，二〇二〇年時光是在美國的銷售額就達到三十八億美元。短暫使用苯二氮平類藥物結合治療來控制焦慮症是標準治療方法，但大多數實際情況卻非如此：六十五歲以上服用苯二氮平類藥物的美國成人，超過百分之三十的服用時間超出處方規定，也有約百分之二十的年輕人有同樣情形。因為苯二氮平類藥物的平靜效果只需服用一劑就能感受到（不像抗憂鬱劑等其他的藥物，要持續服用一個月或更長時間），服用一顆苯二氮平類藥物來「緩和情緒」成了一種生活方式。服用苯二氮平類藥物的時間越長，我們就越有可能產生情緒上和身體上的依賴——因此也就越難擺脫它們。當人們停藥時，身體上的戒斷反應以及焦慮和緊張的重新出現十分常見，促使許多人又開始服藥。

儘管人們越來越意識到這些藥物的成癮性及其潛在危險，但我們很容易忽略成癮的危險信號及警告標誌。當我們持有處方箋或是自認只有「需要時」才服用藥物時，我們不會認為自己是成癮者。

要了解苯二氮平類藥物的潛在危險，必須先思考鴉片類止痛藥的大量擴散。苯二氮平類藥物及鴉片類藥物經常一起服用：前者治療情緒困擾，後者治療情緒困擾之外的一切。但醫師並不會同時開立這兩種藥物的處方，他們甚至會主動警告患者不要同時服用，因為危險的協同作用會增加用藥過量死亡的風險。美國國家藥物濫用研究所（National Institute of Drug Abuse）二〇一九年曾報告，與用藥過量死亡有關的第三大處方類藥物是苯二氮平類藥物；[6]第一及第二大處方類藥物則是鴉片類藥物羥考酮（oxycodone）和氫可酮（hydrocodone）。

緩解疼痛竟成了藥物過量死亡的頭號原因，我們是如何走到這一步的？

▼減輕痛苦的生意

如果我們需要進一步證據，來證實我們整個社會對於徹底消除所有痛苦的渴望——包括身體、情感及心理上的痛苦——只需要看看鴉片類藥物危機就知道了。在追求減輕不適的過程中，數以百萬計的人們最終卻承受了超出我們所能想像的痛苦。

鴉片類藥物會附著在我們細胞的受體上並釋放訊號，這些訊號會有效地抑制我們對疼痛的感知，提高我們的愉悅感。從二十世紀初以來，美國食品與藥物管理局（Food and Drug Administration，FDA）就監管用於治療急性疼痛及癌症疼痛的鴉片類藥物。但由於鴉片類藥物非常容易濫用及成癮，以至於在二十一世紀造成致命的流行病。

在處方止痛藥危機的高峰期，美國擁有足以供一半人口服用的止痛藥——這數量是一九九〇年代晚期處方熱潮開始前，公共衛生官員認為正常鴉片類藥物數量的兩倍。從這個角度來看，占世界人口百分之五的美國消耗了世界上百分之八十的處方鴉片類藥物。[7]從一九九九年至二〇一九年，美國有將近二十四萬七千人死於處方鴉片類藥物服用過量。[8]僅在二〇一九年就有一萬四千人死亡，平均每天三十八人——其中一半以上是青少年。

這樣的規模前所未見。從一九九九年至二〇一九年，光是涉及處方鴉片類藥物死亡的數量就翻了四倍，而受害者似乎不符合社會對於服用過量死亡的人的印象。鴉片類藥物正在殺死我們的父母親、兄弟姐妹，以及兒童；正在殺害最知名的那些人：二〇〇八年的希斯・萊傑（Heath Ledger）、二〇〇九年的麥可・傑克森（Michael Jackson），以及二〇一六年的王子（Prince）。二〇一七年時，美國衛生與人群服務部（Department of Health and Human Services）宣布，鴉片類藥物的濫用（將處方止痛藥與海洛因摻混）是緊急公衛事件。

什麼東西改變了？答案很簡單：製藥業。最普遍的處方鴉片類藥物奧施康定（OxyContin）的製造商普渡製藥（Purdue Pharma），幾乎隻手策劃了這場鴉片類藥物危機。該公司不僅賄賂醫生開立該藥，用免費旅行及付費演講活動吸引他們，還謊稱其「緩釋性」配方的濫用可能性低，與科學證據的結論完全相反。醫師們則繼續矇著眼睛開立處方箋。根據《紐約時報》的貝瑞・梅爾（Barry Meier）報導，普渡製藥清楚知道奧施康定經常被濫用，包括「報告指出該藥物被搗碎並吸食；藥局的偷竊事件氾濫；一些醫師被控銷售處方箋。」[9] 然而，該公司並未改變作法，甚至變本加厲。法律訴訟阻止了普渡製藥及擁有並控制該公司的薩克勒（Sackler）家族繼續他們的掠奪性作法，但數十億美元的罰金卻無法消除它們造成的傷害。

與苯二氮平類藥物的大量擴散及危險性一樣，鴉片類藥物危機也直接反應出治療情緒及身體疼痛的藥物，如何被持續不斷地向我們推送，而我們又是如何順從地接受了表面上提供的解決方案。鴉片類藥物危機是我們數十年來不斷拒絕所有疼痛體驗、將之供奉在神壇上的結果。然而，苯二氮平類藥物成癮與死亡激增的背後，並沒有一個大壞蛋製藥公司在操盤。沒有那麼戲劇性。但是苯二氮平類藥物帶來的化學鎮定之所以被廣泛接受，就是因為有鴉片類藥物的前例。雖然醫師們的目的是解除痛苦，但他們忘了（或從不知道），焦慮並非應該被徹底消除的不適。如果要安全地解除焦慮，並善加利用，人們應該（也必須）適應並且處理焦慮。

▼「我覺得自己像個超人」

數個世紀的歷史說服我們相信焦慮是種病。數十年來，我們的醫療保健體系說服我們相信，當情緒或身體的疼痛時，我們應該吞顆藥丸。要了解這對我們的未來意味著什麼，我們必須先看看未來幾年的風向標：青少年。

每一年，都有百分之十八的青少年在衰弱失能的焦慮中掙扎。[10] 在美國，這數字目前相當於四千萬個孩子（在臺灣，相當於二十一萬個孩子）。青少年清楚知道這種掙扎，一份發布於二〇一九年二月的皮尤研究中心報告（Pew Research Center Report）顯示，[11] 百分之九十六接受調查的青少年認為焦慮及憂鬱在他們同年齡人中是重大問題，百分之七十的人則認為是主要問題。數千萬人在十八歲生日前被診斷出罹患焦慮症，在成年後也可能持續遭受焦慮、憂鬱、成癮及藥物問題的折磨。青少年的焦慮問題是通往我們社會現在及未來健康（無論是健康良好還是生病）的門戶。

顯然，有些事改變了，無論是否身為青少年的父母，許多人均認為再也無法忽視這些跡象了。然而，我們卻還在講述令人沮喪的故事，使得問題更加複雜：我們說Z世代和千禧年世代一樣，他們情感上有殘缺、受到溺愛、懶惰成性，而且螢幕成癮。但是，詆毀他們只是掩飾恐懼的一種方式而已——我們擔憂未來的公民及領袖天生就沒有能力應付我們將交給他們的這個世界，擔憂孩子們的焦慮將阻礙他們在這個日益競爭的世界中獲得成功。許多人主張，在這個世界裡，美國的功績制，即力爭上游、達到成功高峰的熱烈夢想，正處於垂死邊緣。就讀於曼哈頓一家資優中學的一名學生這樣說：「只要我們的成績下滑或開始對考試感到緊張，大人就叫我們去諮商室報到。我想，當我們焦慮的時候，他們也會因為我們的焦慮而焦慮。他們害怕我們會把事情搞砸。」

孩子們接收了這個訊息：把你們的焦慮藏起來，快往前跑。這樣的話，還有什麼比化學控制更好的選項呢？

事實上，「心力交瘁的郊區家庭主婦祕密服用煩寧（也許配上一杯馬丁尼）來撐過一天」，這個耳熟能詳的故事，如今已經被取代。新的故事主角是一口吞下學校置物櫃中藏著的安定文和贊安諾的筋疲力竭青少年。對考試感到焦慮？吞顆贊安諾就好。急於用藥物來減緩我們的情緒，讓這個世界更加危險，對年輕人而言更是如此。

即便在一個不太會焦慮的地方，都可以一窺這個趨勢。二〇一九年，Complex網站發表了一份調查，標題是〈酒吧：與贊安諾及嘻哈音樂成癮的關係〉（Bars: The Addictive Relationship with Xanax & Hip Hop），[12]推翻了關於苯二氮平類藥物危機受害者的假設。影片中訴說了音樂家及他們朋友的故事，他們因為想要依靠藥物來消除焦慮，於是依賴贊安諾和其他苯二氮平類藥物。正如一個男人說的，「我覺得自己像個超人。我通常都感到焦慮，但是當你吃下它之後，你覺得沒有人可以阻止你。」這些藥物變得如此普遍，在二〇一〇年代中期，甚至有名饒舌歌手以他認為最棒的藥物當成他的藝名：小贊（Lil Xan），也就是贊安諾。

十八歲的傑拉德・希金斯（Jarad Anthony Higgins），職業藝名是朱斯・沃爾德（Juice WRLD），他不是幫派饒舌歌手，事實上，他很脆弱，對自己的情緒很誠實。在他的歌曲〈理直氣壯〉（Righteous）中，在幾秒內先是描述了穿著白色古馳（Gucci）西裝的自己感覺如此強大，然後說到他為了處理「我那跟行星一樣大的焦慮」而服用藥物，「右手拿著五六顆藥丸，床頭櫃上灑滿了可待因（Codeine）。」顯然，這個解決辦法沒有用，因為正如在另一首歌中，他對於用藥物解除情緒痛苦的解釋一樣，「負能量，無法說明這種感覺／有點像我是個輸家／即使我正在贏。」

可怕的悲劇是，他的確輸了。二〇一九年底，朱斯・沃爾德和幾個知名的情緒饒舌歌手（emo rapper）均死於苯二氮平類藥物及止痛藥服用過量，其中包括小皮普（Lil Peep），而當時朱斯・沃爾德年僅二十一歲。

當百老匯萊塞姆劇院（Lyceum Theatre）的燈光變暗、帷幕拉起時，飾演笨拙且極端焦慮的青少年傑瑞米・希爾（Jeremy Heere）的演員威爾・羅蘭（Will Roland），唱起了〈不只是生存而已〉（More than Survive）開頭的一段歌詞——聽聲音，似乎有一半的觀眾也跟著他唱起來，他們對這首歌曲的每句歌詞都熟透了，闡述了焦慮地凝視著另一個悲慘的高中生活：「如果我不覺得自己奇怪或是超級奇怪／我的生活就會一塌糊塗／因為怕得要死就是我的沒事。」這是二〇一九年音樂劇《更冷靜》（*Be more Chill*）的開場曲。

傑瑞米是劇情核心，他是個焦慮、笨拙、不擅長社交的書呆子，他拿到一種叫作思奇普（Squip）的電腦化「藥丸」，這種藥丸可以重塑他的大腦，讓它變得「更冷靜」，並讓他和人緣好的孩子打成一片。你不用想太多就可以看出服用思奇普就是服用數位版的贊安諾。

思奇普「幫助」傑瑞米消除焦慮，會確切地指示他該怎麼做才能贏得朋友及影響別人。思奇普用只有傑瑞米才能看到的形式來下達指令，那就是化身為傑瑞米理想中的酷男：基努・李維（Keanu Reeve）在電影《駭客任務》（*The Matrix*）中扮演的角色。各種戲劇性事件很快隨之而來。每個服用思奇普來變得更冷靜的人（服用它的人數大幅增加）最後都會變成殭屍或電影《變形邪魔》（*Invasion of the Body Snatchers*）裡的豆莢人，更糟的是（如果還能更糟的話），他們很快就會出現「電子故障」並陷入昏迷狀態。傑瑞米了解到，人們不惜一切代價，哪怕是冒著生命的危險，也要消除他們的焦慮。

這個古怪的音樂劇為何有那麼多粉絲熱愛？我認為它以獨特的方式誠實地反應出年輕人的生活，並提供一個關於未來道路的選擇：你會拿到消除焦慮的思奇普，但你不一定要吃。你可以覺得自己是個怪人，甚至怕得要死，但你還是可以沒事的。

為什麼其他人不能向孩子們發出同樣的訊息呢？因為我們已經相信了這個故事：消除焦慮並且變得舒服地麻木，就是最好、也許是唯一的解決辦法。這不只單單服用藥物而已。我們和孩子已經被一種用來迴避及逃離焦慮與不舒服感覺的工具所吞噬，它是人類有史以來創造出的最強大工具之一，就在我們的指尖、在我們的掌心上。

6 怪起機器來了？

焦慮和數位科技的關係似乎難分難捨。儘管我們經常認為待在螢幕前和社交媒體上的時間太多導致了焦慮，但現代生活中這些無所不在的面向之間的連結更為複雜。

一方面，電子設備讓我們得以逃離我們的焦慮與煩惱，因為只需要幾秒鐘的時間，我們就可以躲進一個充滿無窮選項的宇宙：玩個遊戲轉移注意力、與爸爸聯絡、買條新的花園水管、看看最喜歡的電視節目，或是完成一些工作。另一方面，研究顯示，當我們整個人沉浸在螢幕中時，最後我們往往會變得比開始這樣做之前更焦慮、更孤立、更筋疲力竭。尤其是當我們覺得，必須聽從那些告知社交媒體動態更新的各種鈴聲和通知訊息時；當我們一醒來就伸手去拿放在床邊的手機，就像癮君子要拿到菸一樣時；當我們甚至在短暫的安靜、無聊或傷痛時刻，也覺得有股衝動想要瀏覽無窮無盡的滾動訊息時，情況更是如此。

這就是為什麼我們開始認為手機會上癮。然而，與藥物不同的是，電子設備不一定會觸發上癮症的那些特徵，如藥物耐受性（tolerance），指的我們需要使用更多物質來得到相同效果；或是藥物戒斷（withdrawal），即在停止使用藥物時會出現的痛苦的身體症狀。然而，撇開成癮這個隱喻準確與否不談，數位科技與苯二氮平類藥物之間並無太大不同，因為我們都用來逃避當下的痛苦，但如果我們沉迷於此，最後都會感到更糟。就像產生化學鎮靜的那些藥物一樣，電子設備也會阻礙我們去尋求可以管理我們焦慮的有益方法。這是如何做到的？首先，它們給了我們一個誘人的機會得以逃離焦慮——至少是暫時逃離；接下來，在精心設計下，電子設備鼓勵我們更加沉迷，逃離已經不再能發揮效果了。

▼終極的逃離機器

當我們焦慮時，我們會自然而然尋求減輕不愉快感受的方法，而有什麼比各種行動裝置能夠更立即、更輕易地達成這個目標呢？我們以無數種方式使用這些裝在口袋和提包裡的小小逃離機器，無論我們去哪都將它們緊緊抓在手上。它們將我們從當下的經驗中帶開，把我們傳送到某個其他地方。這並非一無是處。然而，當我們習慣性迴避焦慮時，就會產生迴避悖論，讓焦慮增加。

但並非所有的數位時間都會如此，數位科技是否會加劇我們的焦慮，取決於如何使用它們。

以社交媒體為例，這是我們數位生活中研究最好的面向之一。我們有兩種可以使用的方式：主動使用及被動使用。主動使用是有目的的「內容」分享——從與朋友互傳訊息、在推特上與你的死對頭爭論，到與家人分享照片、跟你的六十三個關注者分享你彈烏克麗麗神技的最新影片。然而，被動使用缺乏所有這些創造力和

何謂焦慮迴避悖論？

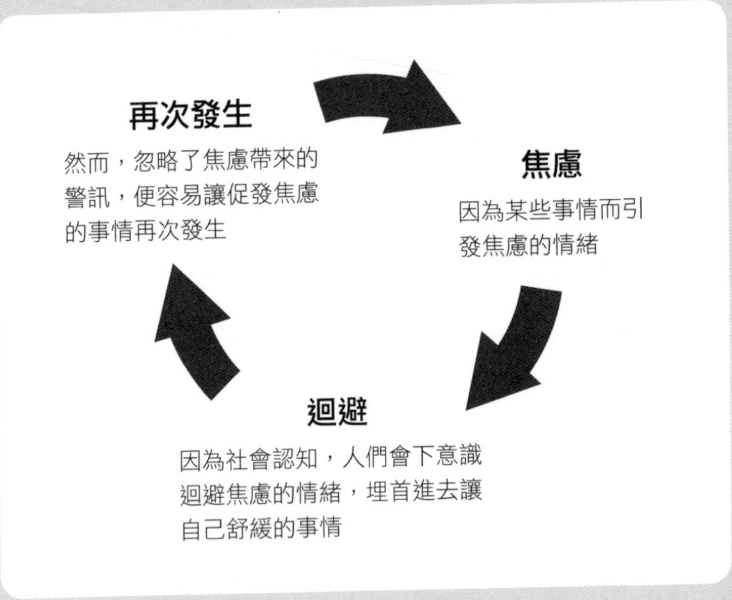
再次發生
然而，忽略了焦慮帶來的警訊，便容易讓促發焦慮的事情再次發生
焦慮
因為某些事情而引發焦慮的情緒
迴避
因為社會認知，人們會下意識迴避焦慮的情緒，埋首進去讓自己舒緩的事情

假設一種情境：明天你有一個很重要的工作會報，要在老闆面前單獨報告二十分鐘，雖然你知道放下手機再練習一次最好，但又不由自主的覺得焦慮的感受很不舒服，寧願多滑十分鐘手機。結果，這樣的迴避不斷發生，最終更嚴重的焦慮襲來，反而讓工作會報失誤連連。

灑脫自在。被動使用時，我們不需要分享我們的個性或才華、不需要表達思想或感覺、不需要堅持某個信念。我們只是隨意地消費——瀏覽網頁，滑滑社交媒體上的動態消息，或是轉貼別人的內容。看似無害，充其量也只是打發時間。也許這就像是吃洋芋片一樣——不用動腦，不花力氣，但是在你意識到之前，你已經把一整包洋芋片都吃下肚了，而你唯一表現出來的只有胃痛而已。

但我們使用社交媒體的方式會造成什麼差異嗎？一項長達十年的研究找到了一些答案，但這些答案並不是那麼簡單。

一項針對一萬多名冰島青少年的大規模調查，[1]顯示了一些可能很重要的事。研究者要求青少年報告一週內使用社交媒體的所有方式，以及焦慮症和憂鬱症的症狀。結果發現，當他們花越多時間以被動方式使用社交媒體時，他們也感到更焦慮及憂鬱——即使他們覺得得到其他人的社會支持，並擁有強大的自尊。相反，當他們花越多時間以主動方式使用社交媒體時，他們的焦慮及憂鬱減少了。他們在滑社交媒體動態消息上花了多少時間並不重要，重要的是他們在上面做什麼。

即使這項研究涉及的人數龐大，且已被重複驗證了至少十多次，卻仍只是個相關性研究。換言之，我們還是不知道社交媒體的使用是否造成了焦慮或憂鬱。很可能是相反，即焦慮或憂鬱的人也許更可能被動地使用社交媒體，因為這樣做較不費力或是較令人放鬆。或者是有一些研究者沒有測量的其他因素，像是創傷、家庭環境、基因，可能導致痛苦的增加。關於因果關係的箭頭到底指向哪個方向，我們是否更接近答案了呢？

二〇一〇年，來自密蘇里大學（University of Missouri）和哥倫比亞大學（Columbia University）的研究者試圖搶先回答這個問題。[2]大學生們來到實驗室，並被要求做一件他們熟悉的事：如同平日般上臉書。他們後來才被告知研究者一直在紀錄他們的每一次點擊——特別是他們花多少時間被動地瀏覽，以及花多少時間主動尋找資訊及與朋友交流。同時，研究者還追蹤參與者的正面與負面感受。他們的方法不是詢問實驗參與者的感受，而是使用一種防止偏見的方法：運用臉部肌電圖（facial electromyography），或是涉及微笑（眼輪匝肌〔orbicularis oculi〕）或皺眉（皺眉肌

（corrugator supercilii）的肌肉中的電位活動強度。

結果顯示，無論是被動或主動使用都沒有增加顯示負面感受的皺眉，但被動使用會直接減少微笑，意味著不會讓我們更快樂。當然，微笑減少並非等同於更多焦慮或憂鬱，但是在這一科學階段，這是少數顯示不同的社交媒體使用方式確實會造成一些反應的研究，讓我們可以對於還不知道的東西到底有多少有一點概念。

讓我們暫時假設這個研究是正確的。如果以被動的方式使用科技實際上會抑制正面感受，為什麼我們還會不斷想要更多？

▼獨臂大盜

一些數位科技似乎如此完美、省力，以至於我們以為它們的設計理所當然。但是聰明的科技會欺騙我們，讓我們忘記使用科技的方式不僅如此。

電子設備、網站及社交媒體平台都經過蓄意、無情的設計，目的是要讓我們一直盯著螢幕，吸引我們打開一個又一個應用程式。這是如何做到的？關鍵在於它們的設計就像是賭場裡的吃角子老虎機。

無盡的捲軸是個完美的例子。當我們向下滑動螢幕時，訊息就會隨著滑動持續跳出，我們不需要停下來，點擊，或等待下一頁的訊息下載。將暫停的功能拿掉，讓我們鮮少有機會停下來思考「這是我現在想做的嗎？」我們進入了自動駕駛模式，做著當下感覺良好的事。事實上，通過測量膚電傳導或皮下血流的細微改變，研究顯示，[3]重複上下左右滑動的簡單動作，可以暫時讓我們感到平靜舒緩、感覺良好，甚至能暫時減輕生理壓力。

賭場的設計也採用了同樣的自動性原則。例如，賭場的走道沒有直角，只有平緩彎曲的曲線，這樣就能更容易從一個遊戲換到下一個遊戲，讓想要賭博贏錢的衝動推動著我們前進。不需要暫停。就像賭場的走道一樣，無盡的捲軸也鼓勵我們繼續前進，不以為意地不斷往下滑，直到我們來到預定的目標：博弈遊戲。

電子設備以及我們在這些設備上做的許多事情，都被設計成像小型的吃角子老虎機。那是因為，就像吃角子老虎機和所有其他類型的賭博，它們都時不時地提供不可預測的獎勵。這類獎勵強烈地鼓勵及強化任何導致賭博的行為。人們迷上吃角子老虎機，是因為他們從來不知道自己什麼時候會拉出一排三個櫻桃的大獎，所以他們會一直玩下去。同樣地，要讓人們拿起他們的電子設備、點擊、滑動、購買及張貼內容，那就用難以預測及不時出現的「讚」、新聞、戲劇化事件或刺激感來獎勵他們。

智慧型手機讓我們不斷地反覆閱覽，因為永遠不知道什麼時候會滑到三個櫻桃，不知道是否那是朋友的一個訊息、在等待的消息，還是一個有趣的貓咪迷因。「末日刷新」(doomscrolling)的概念，完美地結合了無盡捲軸的賭場地板與吃角子老虎機的動機增強。當我們焦慮時，我們也許都曾經不斷瘋狂刷新社群軟體——強迫性地滑著壞消息，即使那令我們感到痛苦。雖然末日刷新確實在新冠疫情爆發前就已存在(如果名稱尚未誕生，實際上也已經存在)，但是在隔離期間，這個短語的使用頻率急遽上升——韋氏線上英文字典(Merriam-Webster online)也在此時將它加入「我們關注的詞彙」名單中。不難想像，我們花了大把時間黏在螢幕前，無止盡地消費著所有關於病毒、黨派政治、種族不公、失業率等的新聞——任何負面、令人痛苦的事情，我們可以一直滑到末日。

但是在末日刷新的過程中，我們可能會得到一些獎勵：朋友傳來的一個溫暖訊息，在當前事件堆積成的廢墟中看見一條快樂的新聞。這便足以讓人繼續追求更良好的感覺。

然而末日刷新其實是管理焦慮的一個嘗試：我們透過搜集更多訊息來減少不確定感，即使是壞消息。在正常情況下，這是個很好的策略，但不幸的是，數位世界並沒有那麼「正常」，因為它將負面訊息優先放在正常訊息之前，使我們待在兩極化的訊息泡泡中。數位世界獎勵聳人聽聞的消息而非事實，獎勵推特酸民而不是良善與平靜。

我們無意識地使用科技來尋求緩解焦慮，而不斷的刷新社群軟體也非唯一方式。反覆點擊一個卡通餅乾圖像和引導一個彩球通過相同顏色的障礙，這兩者間有和共同之處？這是兩個擁有超高人氣的超休閒類遊戲（Hyper Casual Game）：Cookie Clicker和Color Switch。超休閒類遊戲是指有趣、簡單、重複性及引人入勝的遊戲。其中一些遊戲具有挑戰性，但多數都是只需要一點注意力的簡單遊戲機制，因此人們多半在看電視或吃東西之類時玩這些遊戲。如果你問超休閒遊戲玩家，他們會告訴你，他們玩遊戲的目的是紓解壓力和焦慮，在漫長的一天後放鬆身心，將注意力從擔憂的事情上轉移。許多人玩這些遊戲來幫助入睡。

幾個科學家研究了超休閒遊戲是否能改善焦慮。[4]他們假設這些小遊戲會在每個流暢、放鬆、重複性的動作中觸發一種撫慰人們的流動感。就像無盡捲軸，它們似乎會使我們沒有警覺地進入一種更平靜的自動駕駛狀態。長遠來看這是否有幫助，科學界尚無定論，但如果我們為了迴避痛苦的情緒而滑，那也許不會有任何改善。然而，遊戲可能有幫助的研究，早就有了：研究顯示滑過社交媒體動態消息的動作，就能暫時抑制生物焦慮。[5]二〇二一年時，這些小遊戲是擁有數百萬玩家的大生意，他們往往一次就玩好幾個小時。

我們長期以來一直使用娛樂科技來放鬆，最常見的便是電視與廣播，因為它們會吸走我們的注意力、從憂慮的事情上分心，因此電視甚至被叫做「乳房管」。但現在的情況是，地球上最強大的科技公司希望我們時時刻刻把注意力放在電子設備上，這樣才能大量收集到世界上最有價值的數位產品：我們的「個人資料」，也就是我們的想法、渴望，我們去哪裡以及做什麼事。這就是為什麼數位科技被設計成像賭場並讓人難以脫身。這是個聰明的生意。

這些將我們的注意力商品化的努力前所未見，但這些努力與焦慮有關，因為只有當我們的眼球焦慮地鎖定在螢幕上時，商品化才能發揮作用。但是，當我們的眼睛與思緒都黏在那裡時，可能會失去與真實生活的社會連結的機會，而這卻是我們所擁有的最佳焦慮管理工具。

▼螢幕世界中的社會腦

馬尼什・朱尼亞（Maneesh Juneja）是一位數位健康未來學家，[6] 他想像新興科技如何讓這個世界成為一個更健康、快樂的地方。這聽起來是很棒的工作，但是在經歷一次可怕的失去之後——他深愛的妹妹在二〇一二年意外去世——他醒悟到一個令人驚訝的現實：只有面對面的人際連結才能幫助他應對悲傷。事實上，儘管他的生活圍繞著數位科技，但是當他失落不已時，卻是最後才想到數位科技。一次在數位世界的虛擬後院烤肉派對讓他感覺頓失連結，甚至比之前更糟，然而當他到當地雜貨店的人工結帳櫃檯，而不是去速度快多了的自助結帳區結帳，卻能振奮他的心情。早在Zoom滲透進我們的生活之前，朱尼亞就了解到，雖然人際連結的科技工具極有價值，但是與人們存在有關的事物，諸如觸摸、眼神接觸及聲音，卻會帶來獨一無二的療癒效果。

讓一切更具諷刺意外的是，社交媒體（也許時代最大的誤稱之一）往往阻礙了我們運用社會支持來緩解焦慮與痛苦。我們已經知道，擁有強大的社會支持會強化健康，而孤獨及孤立則會縮短預期壽命。這是如何發生的？一個方式是，當壓力高漲時，我們所愛且支持我們的人的存在，會改變我們的生理狀態。我們在第二章看到，牽手的神經造影研究顯示，[7]深愛之人的在場確實會讓我們有更多的腦力可以應對威脅。當我們不能牽手時，可以通過科技來傳達這種好處嗎？二〇一二年，來自威斯康辛大學麥迪遜分校（University of Wisconsin-Madison）的研究者也在思考這個問題。[8]

當我們從面對面的社會支持中受益時，我們的壓力荷爾蒙皮質醇（stres hormone oxytocin）會直線下降，而社會紐帶荷爾蒙（催產素）的產量則會增加。但是當透過科技提供社會支持時，也會產生這些強大的生物效應嗎？讓我們看看母親和她們青春期女兒之間的關係。

在一項研究中，女孩們首先接受了引起焦慮的特里爾社會壓力測試。在發表一場令人緊張不已的演講，並在裁判面前表演了一道困難的數學題後，這些青少年感覺到理所當然的壓力山大。接著，她們可以用三種方式之一與母親聯繫：面對面、電話或訊息。而最後一組青少年單獨坐著，得不到任何支持。

母親們被告知要盡可能地給予情感上的支持。當她們以面對面或通過電話的方式提供情感支持時，一如預期，她們女兒的壓力荷爾蒙皮質醇的水準下降，社會紐帶荷爾蒙上升，這表示支持正在奏效。但是當青少年透過訊息從母親那裡得到安慰時，卻沒有發生任何變化——女孩們釋放的催產素極少或根本沒有，他們的皮質醇水準和沒有得到支持的人一樣高。透過數位電子設備提供支持，和母親安慰的聲音或身體在場完全不同。這顯示了一種演化的錯配（evolutionary mismatch）：也許我們在直接感知到彼此的存在（且非透過任何媒介）時，可以得到最多的社會支持。

第二種社會連結對焦慮發揮的神奇作用，是透過另一種感官經驗：眼神接觸。人類與其他動物都不同，即使是與最相近的靈長類動物們也一樣，因為只有人類才有能力透過凝視來分享意義與意圖。換言之，我們只是透過彼此的眼神接觸進行交流。想像兩個人安靜地坐在一起。他們轉過身，看著對方的眼睛，無言地理解彼此。從生命最初的日子起，孩子們就能做到這件事。嬰兒看著照顧者的眼睛來尋求安慰，學習玩耍的你來我往，觀察自己的感覺與行動如何影響他人。在成長過程中，這些技能不斷發展，直到最終得以精通社會溝通的微妙差異。

你可以從人類眼睛的演化過程中明白凝視的重要性。人類的眼白部分比靈長類及其他動物還要大得多。這使我們可以十分精確地追蹤和配合其他人的目光方向，因為當虹膜被眼白包圍時，更容易看到瞳孔看向的角度。當我們能夠跟隨彼此的目光時，也更能理解對方正在做什麼、想要什麼，以及希望我們做什麼。一些科學家認為看似簡單的特徵對於智人的演化進步極為重要，[9]因為它讓我們可以有效地合作並協調我們的目標與意圖。

如果我們長期埋首於螢幕中，垂下頭與眼睛，我們是否有可能弱化這個人類溝通中至關重要的管道？

二〇一七年，我們在父母與年幼孩子之間的關係脈絡下探討了此一問題。[10]研究一開始時，父母與孩子就像在家裡一樣一起玩耍。當他們玩得正高興時，父母們被要求拿出行動電子裝置，粗暴地打斷遊戲。為了確保他們忽略孩子、眼睛持續盯著螢幕，還要求他們在螢幕上填寫一份簡短的問卷。經過幾分鐘後，父母們被要求將注意力轉到孩子身上，繼續和他們玩。

在許多家庭中，為了手機而突然冷落某人的情形可能很常見——它甚至有個名字，叫做**低頭症**（phubbing）。不令人意外的是，當父母正忙於手機時，研究中的孩子會表現出不安，並強烈要求父母的關注。他們的負面情緒往往會持續到父母重新關注時，雖然許多孩子的情緒恢復得很快，並且開心地與父母們重新接觸，但也有孩子仍然焦慮不安、心事重重。他們似乎擔憂他們的父母們會再次消失在手機另一頭。

習慣父母們一天到晚玩手機的孩子們，情況也沒有好到哪去。事實上，那些更常在家庭成員面前使用手機的父母，孩子們在與父母互動時的情緒復原能力較差。這些孩子的正面情緒更少，負面情緒更多，必須花更久時間才能繼續玩耍，即使父母把所有注意力都重新放回他們身上也一樣。

我們在二〇一九年為一個網路電視特別報導《螢幕時間：黛安・索耶報導》（ScreenTime: Diane Sawyer Reporting）重新進行了這項研究，因此有機會更深入探討孩子們如何看待失去父母凝視的問題。一個男孩立即做出反應：「我們還有其他事要做，媽咪。媽咪，停下來，媽咪，該走了。」他重複了七次，每次的音量都越來越大。一個女孩剛才還高高興興地和她媽媽玩耍，當媽媽拿出手機時，她卻默默地拉了把椅子，面對著她母親坐下。她沒有忙著玩耍或試圖讓母親重新陪她玩，小女孩就只是等待著，坐著不動，不知道她母親何時才會回到她身邊。

這個並不是說，在我們的孩子和家人面前使用電子設備會造成傷害。但研究指出，如果我們和我們愛的人在一起時時常消失在螢幕後方，我們可能會失去讓所有人都受益的連結的機會。

在第二項研究中，我們測試了手機沉迷對成人的影響。[11] 我們指派幾對研究對象一起玩一個困難的拼圖。其中一名冒充實驗參與者的研究助理，會持續打斷任務，中斷眼神接觸、傳訊息及講電話。對照組中的搭檔則不受干擾地一起解決拼圖難題。

就像父母與孩子的研究一樣，中斷互惠性及透過眼神接觸建立的連結，產生的影響絕非微不足道。成人不僅認為一起解決問題的夥伴沉迷於手機是種粗魯的行為，他們的焦慮也更多。

▼如果孩子們沒事該怎麼辦？

如果我們相信關於數位科技的頭條新聞，我們就必須在兩個陣營之間做選擇：末日論者告訴我們，智慧型手機縮短我們的壽命，是青少年焦慮和自殺等一切壞事的始作俑者；唱反調的人則告訴我們，所有的恐慌都不必要，就像過去幾代人對於看太多電視的擔憂一樣，我們對數位科技的歇斯底里也會逐漸消失。

有沒有中間立場呢？

為了弄清楚這點，我們需要和真正了解情況的人談談：數位原住民。二〇一八年美國全國公共廣播電台（NPR）的一篇報導〈青少女和她們的母親坦誠面對手機和社交媒體〉（Teen Girls and their Moms Get Candid About Phones and Social Media）

中，[12] 孩子們明顯感到困惑為難——他們知道社交媒體有時會讓他們感到焦慮與沮喪，但也知道手機提供了社會連結及情緒紓解，並覺得生活無法離開手機。

「成人不知道手機對青少年有多重要，」一名青少年說。「我覺得好像，擁有社交媒體和手機會讓你更友善。我在一堂課上坐在一個男孩子旁邊，他沒有手機。他整堂課都不說話。那會讓你反社會。」

「我不見得喜歡掛在上面，」另一個人說。「……嗯，聽起來很不真實。但同時我也很喜歡在上面，我也知道它對我的影響，我知道它其實會讓我很焦慮。可是還是一樣，它真讓人感到很很輕鬆。我可以坐在沙發椅上，身體不動，手裡拿著一個東西，然後就做這麼多事。我可以什麼都不用做就存在於另一個世界裡。」

我們都能感同身受，尤其是在大流行病之後，螢幕不只變成了生命線，還造成了諸如視訊會議倦怠（Zoom fatigue）及不斷刷新媒體的生活負擔。有時，我們覺得對螢幕、尤其是對社交媒體上了癮。

但成癮的類比過於簡化了。當我們沉迷於Instagram時，大腦的獎勵中樞可能是活躍的，就像我們對苯二氮平類藥物上癮時一樣，但是當我們過度熱愛鹽味洋芋片而且難以抗拒再來一片的誘惑時，大腦的獎勵中樞也同樣活躍。此外，我們之中的許多人被吸引來使用社交媒體的原因，與獎勵的關係不大，而與複雜的社會動機、資訊收集以及專業目標有關，僅是略舉幾個例子。

一些研究者持續忽視我們與數位科技之間關係的微妙差異。他們在缺乏證據支持的情況下決定大肆宣揚引人注目的頭條新聞，說智慧型手機會讓人上癮，它們已經在心理上摧毀了一代人，並助長了美國青少年焦慮及自殺的流行趨勢。

然而，事實上幾乎沒有直接證據表明電子設備確實造成重大的心理健康問題，或使用社交媒體會使我們感到焦慮。一項以數十位名青少年的調查資料為基礎的研究做出結論，[13]二〇一一年時青少年焦慮及憂鬱的激增可能是由於此時智慧型手機逐漸普及。然而，來自牛津大學的不同研究小組運用了同樣一份資料，[14]得到的結果表明食用多於平均數的馬鈴薯和焦慮的增加有同樣強烈的關聯——這提醒了我們，相關性永遠不等於因果關係。

在一份關於社交媒體使用及情緒調適的少數前瞻性縱向研究中，[15]研究者首先測量社交媒體使用，接著追蹤它是否能隨著時間推移預測幸福感，楊百翰大學（Brigham Young University）的莎拉・柯恩（Sarah Coyne）及其同僚發現，在八年時間裡，使用社交媒體的時間與焦慮和憂鬱之間沒有關聯，而八年正是青少年成長為青年的時間。

然而，這些研究還遠遠稱不上是決定性的發現。在我們將研究努力集中在解決這些困難的問題之前，我們什麼都不能確定：什麼類型的社交媒體使用是有益的，什麼類型是有害的？如果我們確實受到影響，我們的生物學能否幫助了解為什麼會受到影響？我們之中哪些人的復元力較強，哪些人較脆弱？數位科技的影響會隨著我們自身和時間的改變而改變嗎？

由萊絲莉・塞爾策（Leslie Seltzer）和同僚主導的青少女和母親的社會連結實驗的近十年後，[16]我們邀請了青少年和他們最要好的朋友進入實驗室，並分為三個小組。其中兩組只是被要求討論讓他們感到困擾的事，然後給予彼此情感支持——一組是透過Zoom，另一組則是透過傳訊息。第三組獨自坐著思考困擾他們的事情。我們沒有測量壓力荷爾蒙及社會紐帶荷爾蒙，而是在對話結束後，讓他們觀看情緒強烈的圖片，如一名醫院中的重症病患或一名被捲入一場激烈爭執的軍人，同時使用腦電圖測量青少年的大腦。我們的理論是，感受到最多社會支持的青少年會更有能力管理自己對這些照片的情緒反應。我們認為Zoom會是支持朋友最有效的方式，因為可以看到對方的臉，聽到他們的聲音，實際上了解對方的感受。

但我們的研究發現完全不是這樣。互傳訊息的小組成員反而最冷靜。更有意思的是，使用Zoom的青少年的大腦與那些獨自一人、無人支持的青少年的大腦看起來一模一樣。

我們對這個結果感到震驚，不只是因為它違背我們的預期，也因為它與二〇一〇年那份針對母親及其青少年女兒的研究相矛盾（當時的研究顯示傳訊息支持沒有益處）。於是我們與這些青少年聊聊。當時是二〇一九年，因此他們之中大多數人在成長過程中都已習慣傳訊息，而且相較於其他溝通形式，他們更喜歡傳訊息。火星文、表情包（emoji）及動態圖（GIF）可以逃過成年人窺視的眼睛，雖然成年人不了解這些，但是對青少年而言卻是豐富而完整的詞彙。Zoom讓他們感到冰冷，因為難以同步、令人尷尬，不太像真正的面對面交談。他們不討厭面對面時間，還是渴望和朋友們面對面相聚，但他們也喜歡可以在訊息對話中暫停下來，好好想想自己想說什麼、緩衝一下朋友與自己感受到的痛苦不安。相對的，在視訊交談與面對面時，人們必須立即做出反應，沒有時間可以思考——從這個角度來看，傳訊息幫助他們成為最好的朋友、最能支持朋友的人。

在我成長過程中，我從來不需要憂慮網路酸民、魔人以及演算法。我甚至不知道演算法是什麼。在我成長過程中，即便是自我意識強烈的青少年歲月，我也不曾感受過社交媒體聚光燈持續照射的那種熱度。我不確定我能不能應付得非常好。

但是像我這樣的X世代應該約束一下我們的假設。我是在收到一封來自學生的電子郵件後才親身體會到這點，他讀了我在《紐約時報》寫的專欄後寫信給我，[17]我在文中呼籲人們對於社交媒體及心理健康要有更細緻的討論，而不是假設數位科技是造成青少年焦慮等問題的簡單而直接的原因。

博士好：

我目前正就讀兼修班英語一〇一〇班。我寫這封信是要告訴您，您那篇〈把手機拿走無法解決我們青少年的問題〉在修這門課的年輕人中非常受到歡迎。我們被指定要閱讀這篇文章，並做註解及摘要，而在過去幾個月裡，我們除了反科技的文章之外沒有讀到其他東西，您的這篇文章讓我們大大鬆了口氣。我們覺得好像真的有人能夠理解這個世界的數位原住民。

我和我全班同學都謝謝您。

PART 3

拯救焦慮

7 焦慮的推動器：不確定性

不確定性是唯一的確定性，知道如何與不安全感相處是唯一的安全感。[1]

——約翰・保羅斯（John Allen Paulos），《投資，是放大人性的機率遊戲》（*A Mathematician Plays the Stock Market*）

這就是人類的處境。每一天都是一組機率，一場賭博，賭的是通常發生的事很可能會再發生：我們在早晨醒來，做當天計畫要做的事，然後終於能回家睡覺，只為了在隔天早晨醒來重新開始這場賭博。但是當然了，人生沒有什麼是穩賺不賠的。我們大多數人都在理智上也在抽象層次上接受了這一事實，但我們很少人願意對此深究。當我們真正正面遭逢生命的不確定性時，我們感覺到，一種我們的假設與現實之間的不和諧緊張感。某種不值得信任而且靠不住的東西進入了我們的生活。就是這種緊張讓我們警覺起來，因為我們知道接下來發生的事可能是可怕的、美妙的，也可能平淡無奇——所以我們覺得如果可能的話，我們需要做點什麼。

換言之，不確定性就是可能性。光是想到它就會推動我們走向未來。

二〇二一年七月底，我醒來時感覺鼻子不通、頭痛及喉嚨痛。可能只是夏季感冒或過敏——還是我得了新冠肺炎？當一天後症狀沒有消失時，我在家做了一次快篩。等待快篩結果時，我的先生來回踱步。他得過新冠肺炎並痊癒了，他擔心任何家人確診——尤其是因為我們的女兒年紀還太小，無法接種疫苗。

我知道我**可能**確診，但我認為機會不高。我和我先生都覺得不確定，但我們處在不確定光譜的不同位置：他偏向負面，而我則偏向正面。但這兩種可能性都存在，這意味著我們對未來還有某程度的控制權：我可以做快篩、追蹤我的症狀、自我隔離，並採取預防措施，以防止我的女兒染疫。這是不確定性的甜蜜點：它提供機會，使我們能對接下來發生的事施加某種程度的影響力。

▼對黑暗面說不

很久很久以前，在一個很遠很遠的銀河系，有個叫做安納金・天行者（Anakin Skywalker）的男孩出生在一個沙漠星球上。一個古老的預言預示，安納金將統一原力的光明與黑暗面，為宇宙帶來平衡。然而，他卻受到了黑暗面的誘惑。當然，這是《星際大戰》（*Star Wars*）傳奇的開始，這是上個世紀最好的推想小說神話。對某些人而言，它接近一種宗教。對我而言，則是我們為何需要不確定性的寓言。

安納金屈服於黑暗面，因為他沉迷於避免最嚴重的恐懼：有一天他深愛的妻子佩咪（Padmé）會死去。但折磨他的並不是死亡的確定性，而是她的死亡的不確定性——他無法忍受不知道她如何及何時會死去、不知道他是否無能為力拯救她，就像他曾經無力拯救自己的母親年紀輕輕就死於突擊者手中。當佩咪事實上確實死於分娩時（安納金被騙，相信是自己殺了她），他一開始對於不確定性的拒絕變成了難以承受的傷痛與憤怒。安納金很快就轉變為現代影史上最具代表的壞蛋：達斯・維達（Darth Vader）。

安納金的真正墮落不是他對佩咪的愛，甚至也不是他的恐懼。而是他無法接受不確定性。他只看見確定的災難，卻沒有看見他和佩咪原本可以一起度過漫長而充實的一生——一個他本來可以去努力實現的目標。因為他失去想像正面可能性的能力——也就是說，因為他失去了他的不確定性，所以黑暗面吞噬了他。

這則故事的寓意是什麼？拒絕不確定性意味著在拒絕悲劇潛在可能性的同時，也拒絕了喜樂的潛在可能性。還有，不要變成達斯・維達。幸運的是，我們的大腦已經演化到可以幫助我們避免這樣的事情發生。

▼我們的大腦尋求不確定性

不確定性是生存的關鍵。從演化的角度，最危險的不是確定的威脅，而是未知的威脅。這限制了我們為其做準備、從中學習，並為了——你知道的——生存而實實在在地做一些事的能力。

因此，我們的大腦不會忽視不確定性，而是縱身擁抱，以至於演化將人類的大腦設計成可以自動且毫不費力地注意到非預期的、不可預測的、新穎的事物。這稱為**定向反應**（orienting response），是反射性且無意識的，因此即便我們嘗試阻止自己這樣做也不會有效果。就像當醫生用小橡皮槌敲打我們的膝蓋時，我們的小腿會彈起來一樣——但是定向反應像閃電一樣快。我們大腦已經演化為一個偵測不確定性的雷達。

事實上，你可以用腦波的形式來觀察定向反應。想像你要在電腦上完成一個任務，當你在螢幕上看見Y字母時，你必須按下鍵盤上的向上鍵，當看到N時，你必須按下向下鍵。這些字母出現得又快又急，所以你有時按對、有時按錯。當你成功時，電腦會發出悅耳的鈴聲，但是當你失敗時，刺耳的蜂鳴器就會嗡嗡聲大作。偶爾你也會聽到中性的叮叮聲，但你不能確定這個聲音到底是做對還是做錯了。

數十項運用這類任務的研究已經表明，我們的大腦在三分之一秒內就會回饋變化電位活動（或稱為腦波），且可以用腦電圖加以測量。我們為這些腦波取了難以理解的專業名稱，如「錯誤相關負波」（error-related negativity）、「錯誤正波」（error positivity）及「回饋相關負波」（feedback-related negativity）。這些名稱只是意味著我們的大腦正在計算：我做對了嗎？我做錯了嗎？還是不確定？

腦波變大代表我們的神經元正在消耗更多的能量。那麼某些最大的腦波是由什麼造成的呢？[2]答案是：不確定性，也就是那個模稜兩可的小小叮叮聲，尤其當自我意識升起或感覺到壓力時。別誤會我的意思，錯誤也會引起大的大腦反應，和正確時相比時更是如此。這在演化上很合理，因為生存往往取決於能夠從錯誤中學習，而不是一味耽溺於正確的經驗。但我們也格外花力氣追蹤不確定性，因為那正是我們真正必須弄明白的事。

弄明白不確定性要求腦力，或是心理學家所稱的認知控制，也就是學習、決定並改變我們的思考與行動以解決問題的能力。幸運的事，當我們了不起的大腦專注於不確定性的同時，也增加了我們的認知能力。事實上，失去控制對人類大腦造成的莫大壓力，很少有事情能夠比得上。就以二〇〇四年一項結合了兩百多項研究資料的整合研究為例。[3]這些研究考察了造成最大壓力的情境類型：從公開演說得到負面評價，到完成算數之類的困難數學任務，甚至是被持續的巨大噪音轟炸。

當這些研究互相結合後，什麼情境引發了最高的壓力荷爾蒙反應呢？全部都不是。什麼情境並不重要，因為最重要的是參與者無法控制情境的程度，尤其是與其他人有關的情況下。例如，壓力最大的情境之一是，必須在無論你表演得多好都會不滿的裁判面前表演。

大腦如何在面對不確定性時提高認知控制能力呢？它們會優先將感知到的不確定性排在所有事物之前。例如，在一項研究中，[4]參與者完成了一項棘手的感知任務：他們研究兩張圖片，並且必須決定是否有一張的像素更高。雖然有些題的答案很明顯，但有些卻很困難，很難區分只有細微差異的圖片。除此之外，參與者可以拒絕回答任何一組圖片來表示他們不確定答案。

腦部掃描顯示，當參與者說他們不確定時，認知控制底層的廣大神經區域網絡，例如前額葉皮質及前扣帶迴皮質等就被活化了。相形之下，當參與者必須在兩個相似的圖片間做出困難的決定時，腦部掃描顯示，認知控制區域只有微弱的活化。換言之，儘管不確定性導致認知控制的騎兵以迅雷不及掩耳之勢襲來，但是解決一個棘手難題卻幾乎不足以讓騎士跳上馬匹。

這就是不確定性創造的奇蹟——不需要任何有意識的努力，我們的大腦就能出色地完成兩件事：注意到不確定性，然後盡其所能地控制。這就是在數萬年的動盪與不可預測中，讓人類得以學習、適應、生存並成長茁壯的原因。

最近，當我們被迫成為一項不確定性的集體個案研究的參與者時，我們艱難地學到了這個教訓。

▼不確定的大流行病

因為新冠疫情，所以你經歷了不確定的最原始形式，那就是：我會死嗎？我心愛的人會死嗎？離開我們的家安全嗎？幾個月後我還會有工作嗎？如果我們生病了，已經超載的醫療保健體系有能力照顧我們嗎？全球經濟會崩潰嗎？我們要忍受社會隔絕、遠距學習及視訊會議倦怠多久時間？

我們都經歷了一場不確定的大流行病，而且傳染力是百分之百。疫情期間普遍的不可預測特性，有時感覺起來就像是酷刑。心理學家藉由詢問人們是否同意這些陳述——「不確定性使我無法過充實的生活」、「我總是想要知道未來有什麼在等著我」，以及「我受不了被意外突襲」——來判斷無法忍受不確定性（intolerance of uncertainty）。

儘管可以理解這些感受，但演化已經讓我們準備好面對世界分崩離析，所以我們不會只是坐以待斃，等著被病毒感染。我們做了很多事情。

以戴口罩為例。起初，人們說把可以用的口罩留給前線的醫療相關人員。所以當我們無論如何都拿不到口罩時，我們就用舊衣服或用過的手帕來縫製口罩。一旦可以買到口罩時，我們便常常戴著口罩並將其視為珍寶。當朋友給我一個N95口罩時，我知道我們友誼長存。

我們明白即使是戴口罩也無法保證安全，但不確定性使我們堅信必須如此。做點什麼總比什麼都不做好。

對於疫情不確定性的反應，反而使我們為做好準備：囤積必需品；強迫性地清潔住家與雙手，甚至是雜貨用品；戴手套；一次戴兩個口罩。我們充分利用不確定性所喚起的謹慎、專注、有計畫、關注細節以及有幹勁。

當我們積極投身於不確定性時，我們甚至可以把最小的細節做好。這就叫做窄化的注意力範圍（narrowed scope of attention）。想像你正在林中散步，碰巧遇到了一隻熊。你僵住了，隨著牠越來越靠近，你的注意力縮小了，你盡可能地吸收每一丁點訊息。**牠有看到我嗎？牠正在朝我的方向移動嗎？牠的周圍有要保護的小熊**

嗎？熊的危險性比你原先享受的美麗的樹、陽光灑落的野花田野、鳥兒的甜美歌聲都更為重要。當你應對面前的危險時，這些全都消失了。有了這個窄化的注意力範圍，你更可能生存下來。如果沒有它，你可能只是了解到威脅的存在而已——如果你要試圖避免被熊攻擊的話，這沒有太大幫助。

現在（這裡不需要使用想像力），你正在經歷一場全球性大流行病。現實仍然充滿不確定，但你需要集中注意力，盡可能了解這種疾病——吸收詳細的事實、判斷真實性、根據需要更新訊息，並做出明智的決定。**我真的會因為接觸物體表面而感染病毒嗎？戴口罩有多重要？有什麼證據指出戶外聚集是安全的？**你知道的越多，便越能優先重視病毒的實質威脅，而不清楚或模糊的訊息（更有可能是假訊息）就會逐漸消失在背後。這可以避免過度關注或低估病毒的威脅，幫助你做出最好的選擇以維持身心健康。有了這窄化的注意力範圍，你就更有可能生存下來。

在不確定時期，我們隨著收集更多資訊而收攏注意力範圍，但這不是不確定性在疫情期間提供幫助的唯一方式。封城時，安雅住在紐澤西州的郊區。她和丈夫麥克都是音樂家，大流行病的來襲一夕之間改變了他們的工作生活。安雅也是名演員，她不知道自己能否重返工作崗位，也不知道到時候的情況會是如何。麥克在百老匯建立了成功的事業，但是在可見的未來他也會失去工作。

對安雅而言，不確定並不是什麼新鮮事。隨著事業的發展，她已經習慣從一場演出奔赴下一場演出，不確定下一個計畫何時出現——這就是她所熱愛的藝術家生活。在疫情前，她認為成功的關鍵就是好好計畫未來。但這場疫情卻證明這個假設大錯特錯。現在，她根本無法預測下一次演出何時出現——或者會有下一次演出嗎？她要如何為前所未有的未知數做計畫呢？每天都像是在一場尚未訓練就得上場的馬拉松，而似乎她越努力跑，終點線就越遠。

接著，隨著秋天的來臨，她和麥克不得不為九歲的兒子挑選學校。在和當地的教育委員會針對開學計畫進行過幾次長達五個小時的磨人視訊會議後，家長們了解到，除了一些體育活動外，他們幾乎沒有其他課後活動的選擇了。當會議正要結束時，一位母親開口詢問關於音樂課的細節。對她而言，音樂教育不是種奢侈品，而是一種智性、情感與社會需求。但校長除了「哎呀，疫情期間，他們是沒辦法吹奏樂器的。嗯，我們繼續吧。」之外就沒什麼好說的了。

但那位母親並沒打算就這樣被搪塞過去。「我沒有很想繼續，」她說。「為什麼你不回答問題？為什麼什麼都跟體育有關？」她很生氣，同時也很擔心孩子們很可能這一年都無法接受到音樂教育。不確定性都讓她更加暴怒——她強烈地想要保護孩子和其他人的需求。正如安雅所說，「沒有什麼比為孩子擔憂更有力量的了。敢找我孩子麻煩，你就試試看。」而且你最好相信那個母親會堅持到底，直到學校想出如何繼續音樂課的方法為止。

不確定性讓我們在需要時變得狂暴，也讓我們相信自己可以採取行動，控制可能發生的一切。在疫情期間，我在一種極其平凡的控制策略中找到了慰藉：製作清單。不要小看一個好的清單的力量。製作清單的科學（是的，製作清單是門科學！）顯示，以線條將想要完成或記住的事情組織起來有很多好處。製作清單可以增進幸福感和個人控制感。關於記憶及老化的研究顯示，僅僅是列個清單，尤其是具有良好調理及策略的清單，就能幫助年長者在不看著清單的情況下像年輕人一樣記住東西和事情。

封城時，我為孩子們（和自己）製作書面日程表。它們就像路標一樣，讓我們朝著一個目的地持續前進，即使並不確定目的地在哪。我們把一天分成早上、下午和晚上，並寫下每段時間要做的活動。早上八點半，Zoom學校開始上課，但是午餐前有一段休息時間，十二點半左右可以愉快的散步。一點時，Zoom學校又開始上課了，幸運的是，接下來在晚餐前我們有個家庭舞會。沒錯！你現在腦海裡有個圖像了。

這些清單帶來一種控制感、讓我們帶著目的感前進，[5]甚至能誘發新的習慣。我們開始一起健行並發現家人們很喜愛這個活動，只因為它在清單上。我們製作了最愛食譜的清單並儲備食材，而不是每個晚上都吃加熱的微波食品（雖然我們也會這樣做）。吃飯成了一種受歡迎的儀式，給予連結感和目的感。我在疫情期間也製作了「我想要更常做的事情」的清單，因為擁抱不確定性為我帶來了新的優先事項：我很幸運可以花更多的時間寫作，與家人一起做些事情，重新拾起我已經遺忘的嗜好。也許其他人會發現時間變少了、有了新的掙扎，但無論我們在疫情期間經歷了什麼，許多人都決定勇敢面對——因為誰知道明天會發生什麼事，所以有什麼可失去的？

這不是要說，對我和家人來說，這是個製作清單的盛大歡樂派對——絕對不是。有些日子充滿了絕望、疲憊，看不到希望。我兒子容易擔心，女兒則不是，但他們都在對病毒及其他事情的恐懼中掙扎前行。但是在那些難過的日子裡，我們上床睡覺、早上起床，一起重新面對生活中的不確定性。也許我們會做個清單，也許不會。但我們一起製作清單、每天都試著採取小小的步驟，以取得控制感、從不確定性中創造確定性。

事實上，不確定性讓我們都學到了在一起的力量。有些人可能認為原始的意志力——壓抑不想要的感覺和行動、抗拒短暫的誘惑，以達成長期目標——是克服逆境的最佳方式。但當我們面對巨大的混亂時，光有意志力是不夠的，因為我們曾經以為可以依靠的一切都被完全且徹底地破壞了。我們無法只靠意志力讓自己恢復、去做需要做的事，或是恢復正常生活。而且我們越努力，我們就越（正如意志力的科學所顯示的）覺得被掏空，反而更難以控制自己。就像太嚴格的飲食計畫或是太激烈的健身菜單一樣，我們就是無法堅持下去。

儘管如此，疫情期間，我們還是需要練習自我控制、謹慎行事，並發揮智慧。所以我們做了什麼？如果幸運的話，我們可能已經學到了社會心理學研究者知道了將近二十年的事情：當我們需要更加自制卻意志力不足時，[6]對所愛之人的親近、在乎與感激之情可以填補。例如，僅僅是對他人的感激之情就能直接提高自制力。在一個成人版的著名史丹佛棉花糖實驗（孩子們可以選擇現在吃一個棉花糖，還是等一下再吃兩個棉花糖），棉花糖被換成了錢。一半的受試者被要求花些時間回想某個他們感激的人，另一半則不需要這樣做。那些心存感激的人更願意多等一下以便未來拿到更多錢，[7]他們最終拿到的金額是對照組的兩倍。不確定性再一次發揮了作用，將人們導向最珍貴資源之一：人際連結。

製作焦慮清單

列出清單並排出優先順序聽起來很容易，但卻是能緩和焦慮最簡單的方式。如果你有製作清單的習慣，那很好；如果沒有，就來試看看吧。

我很焦慮且 有解決方法	
我很焦慮但 找不到解決方法	
我沒有很在意但 知道如何解決	

步驟 1：分別列出你現在的代辦事項。仔細想想，這些事情讓你多焦慮呢？有沒有解決方法？根據這兩個問題完成表格。

步驟 2：根據表格判斷每件事情的先後順序。優先處理「我很焦慮且有解決方法」的欄位，接著處理「我沒有很在意但知道如何解決」的欄位吧。藉由將事情列出優先順序並依序完成，讓大腦的控制中心介入緩和焦慮。

步驟 3：接著，判斷「我很焦慮但找不到解決方法」的欄位。好好想想，你真的不知道方法嗎？有沒有可以達成50%目標的方法呢？先不要找到100分的解答，從50分開始找起，你會發現「試著找方法」其實就是焦慮的解答！

步驟 4：最後一個步驟，你可能會發現有些事情你真的沒有辦法處理，這時候就讓社會連接發揮作用！來問問看身邊的人「你會怎麼做」、討論看看這些焦慮是不是杞人憂天吧。

▼焦慮與不確定性有什麼關係？

在疫情期間，不確定性激勵我們採取行動——從戴口罩到製作清單，從謹慎行事到處理好細節，從為社群需要而加緊努力到發展令人滿足的社會連結。

但這會改變我們的焦慮程度嗎？

在新冠危機的頭六個月，我和同僚追蹤了來自美國、荷蘭和秘魯共一千三百三十九名青少年的焦慮症症狀。[8]在疫情爆發前，我們就選擇了這些青少年參加研究，因為他們正在嚴重的焦慮中掙扎。我們預期疫情會讓他們進一步陷入令人衰弱的憂慮及恐懼中。

但我們錯了。

這些青少年還是很有韌性，他們焦慮的嚴重程度很穩定，沒有增加也沒有減少，即使是在封城期間。英國的研究也雷同：[9]疫情期間，一萬九千名八歲到十八歲的青少年焦慮程度並未起伏，且多達百分之四十一的人覺得封城期間比疫情爆發前更快樂，百分之二十五的人說他們的生活比過去還要好。雖然這些趨勢有些可以歸因於青少年承受的社會要求及壓力源（同儕壓力）減少，但封城對個人而言依然不容易。

換言之，我們在這裡學到的教訓不是疫情期間排山倒海的不確定性不會引發痛苦或焦慮，它絕對會。我們學到的是，決定幸福感的並非龐大的不確定性存在，而是我們對不確定性做了什麼。

這裡就是焦慮祕密發揮作用之處，當我們感覺到反復無常的不確定未來所帶來的緊張時，焦慮便激勵我們採取行動。它給我們勇氣去避免負面的結果，使我們變得更加敏銳，從而發現我們過去也許不曾想像過的可能性。焦慮不允許我們坐以待斃、扮演受害者，而是驅使我們去做點什麼，儘管這些事可能不一定正確或有成效，但光是「做點事情以回應不確定性」這個行為本身，就會讓我們感覺好一些，而且在許多情況下還會帶來一些好處。並非只有焦慮能幫助我們做到這點，但是當我們學會如何充分利用焦慮時，它便非常強大。

這些都是焦慮帶來的禮物。沒有它，我認為我們不會如此順利地撐完這場大流行病的馬拉松賽。把不確定想成比賽時起跑的鳴槍，而焦慮則是推動我們抵達終點線的體能、肌肉及筋腱吧。

8

激發創造力

我們人類解決期待與現實之間衝突的能力，即我們的創造力，同時也是我們超越神經性焦慮並與正常焦慮共存的能力。[1]

——羅洛・梅（Rollo May），《焦慮的意義》（*The Meaning of Anxiety*）

二〇一七年，德魯搬到紐約市追求戲劇。這個轉變很大，所以他對在城市漫步時忽然感到一陣緊張這件事習以為常。但很快地，他的喉嚨就又緊又乾，讓他難以呼吸。隨著呼吸越來越困難，他感覺到一種壓迫著他的恐懼感，就像有什麼可怕的事要發生了一樣。他在街上打轉了幾個小時，試著應對這股情緒。但他的嘗試都沒有用，他跳上了地鐵，實際上同時也是象徵性地逃離了這一切。但是轉入地下只是讓情況變得更糟，他的心跳飛快，胸口一陣劇痛，他大口喘氣，渾身發抖並大汗淋漓，好不容易跌跌撞撞地離開地鐵回到家裡，直到癱倒在床上時，他才終於平靜下來。

那是德魯第一次恐慌症（panic attack）發作，持續了幾乎一整天。

在接下來幾個月，德魯的恐慌症多次發作，他不得不尋求治療。這改變了他對焦慮的看法。「初期幾次的發作很可怕，」他說，「但它們也是禮物，因為它們強迫我終於直接面對焦慮。因此，我在過去幾年的成長比以往任何時刻都要多。焦慮是我的良師。」

德魯沒有迴避焦慮，他探討焦慮，甚至創作了一齣名為《恐慌症發作變奏曲》（*Variations on a Panic Attack*）的多媒體劇作，他形容這部劇作是「將恐慌症發作的心靈，重新想像為一個地景伴隨強而有力旋律的死亡金屬聲音。」這齣戲在一場工作坊演出時，德魯和他的四人樂團走上舞台，陰森的氛圍音樂充滿了整個空間。一個來自紐約地鐵的電腦化女聲突然想起：「這是開往世界貿易中心的E號列車，下一站是第五十街。」德魯對著麥克風說話，他形容當恐慌排山倒海地向他襲來時，他上了地鐵。音樂聲慢慢變大，變得越來越不和諧，甚至可以聽到列車的吱嘎與轟鳴聲。這令人極難招架。觀眾們感到越來越不自在，不確定自己該如何反應。但我們集中注意力。最後，一小節、一小節地，刺耳的不和諧音變成了樂團同步演奏的樂音——聲音仍然很響亮，但旋律和拍子不再彼此打架而是合奏了。

實際目睹《恐慌症發作變奏曲》的演出，我們體驗到德魯學到的功課：當我們接受焦慮帶來的不適並聆聽它的教導時，我們得以成長及創造，並解決我們焦慮時所感受到的內在不和諧。一些由焦慮所啟發的創作行為是藝術作品，如《變奏曲》。但也有些如此簡單而平凡，看起來似乎毫無創造力——直到我們理解到創造力的核心。

▼關於創造力與枯萎的花椰菜

當我們想到創造力時，我們會預設是藝術：一幅畫、一本書、一場音樂演出，或許也會把創造新技術或更好的小工具的發明家納進來。但那是種狹隘的想法。創造力是所有人都擁有且持續在做的事。

創造力指的是任何狀態轉變。當我們的腦筋在某一瞬間忽然一片空白，但是卻在下個片刻冒出想法時，那就是創造力；當我們製造了某個新的事物，某個從來不曾存在過的東西時——即使那是個火腿三明治，那就是創造力。當我們產生想法，或是當我們看到並認知到那是個好的想法時，那就是創造力。當某個解決方案不可行，而我們想出一個替代方案，以便找出問題並加以溝通時，那就是創造力。創造力是看見其他人可能看不見的連結，並以好奇心、活力及開放的心態來追求。把百視達（Blockbuster）的概念結合亞馬遜（Amazon），你就得到了網飛（Netflix）。

創造力就是看到可能性。

上班時間即將結束，我正埋頭於截稿日期以及堆積了兩個禮拜沒回的電子郵件，它們就像掛在脖子上的沉重負擔。我看了看時鐘——喔，不！晚餐時間到了。我甚至還沒想到要給小孩做些什麼吃。我在一連串「我餓了！晚餐吃什麼？我可以吃點零食嗎？」的轟炸中跑下樓。打開冰箱，裡面是空的。只有一些起司、牛奶、雞蛋（過期了？），在蔬菜保鮮盒裡，我找到了一朵有點萎靡不振的花椰菜。我的心一沉，然後狂跳起來，因為胃裡好像有種腎上腺素爆發的感覺。怎麼辦？我可以就點個披薩——但這禮拜是第三次了（而且今天才禮拜三）。我希望孩子晚上可以更常吃到健康的飯菜，所以我深吸了一口氣，然後開始思考。一朵老花椰菜不是個很棒的開始，但是等一下，一種東西叫做網路呀——於是我上網搜尋了「用剩餘花椰菜做晚餐」。不誇張地說，第一個跳出來的文章，就是「用完剩餘花椰菜的十三種方法」。十三種！現在我唯一的問題就是要在這豐富到令人咋舌的菜色中做選擇而已——我該做起司焗烤花椰菜還是生酮花椰菜餡餅好呢？三十分鐘後，我已經用那個悲哀的、被遺忘的花椰菜做了一道新的最愛晚餐。

刺激我創造出一道健康晚餐的不是我對晚餐的游刃有餘，或是自由放任的教養風格，而是焦慮：關心我的孩子是否吃得好的焦慮；對於措手不及、沒有準備晚餐的焦慮；因為我在乎可以一起吃頓不是從盒子裡拿出來的熱騰騰晚餐的焦慮。我們的生活中充斥著大大小小的焦慮時刻，使我們更有創造力，因為焦慮幫助我們看到可能性——即使是朵花椰菜——如此我們才能帶來一些從來不曾存在過的有價事物。

創造力就是看到可能性。而焦慮幫助我們看到可能性存在的可能性。

焦慮也影響著我們如何發揮創意（也就是研究者所稱的流暢性），或是提出的想法或洞見的數量，以及原創性（想法的新穎程度）。而我們的情緒則會影響創造力。

我們如何知道這點？研究者首先在受試者身上誘發特定情緒，像是要求他們寫一篇引起自身強烈情緒的情境的文章，或是觀看情緒激烈的電影片段。然後測量受試者的創造力。結果發現，影響創造力的不是哪種情緒，而是情緒是否能激發或抑制——換言之，重要的是情緒是否能促使我們行動。憤怒、喜悅和焦慮等激發性的情緒會提高我們的活力，激勵我們去做點事情。雖然激發性情緒（activating emotion）結合了正面與負面感受，但與悲傷、憂鬱、放鬆和平靜等抑制性情緒（deactivating emotion）並不同，因為後者只會使我們慢下來。

二〇〇八年，一項由歐洲及以色列研究者執行的研究，在受試者身上誘發出激發性和抑制性情緒後，[2]要求他們腦力激盪，找出改善大學心理學系教學品質的方法，並且盡可能寫下他們所能想到的想法、解決方案和建議——這便跟創造力有關。結果顯示，抑制性情緒對於創造力毫無影響，但是激發性情緒（無論是正面還是負面）則讓人更具流暢性和原創性。適度地感覺到更多焦慮的人（也是憤怒或快樂的人）想出了更多想法，而且這些想法更創新。焦慮促使人們長時間堅持腦力激盪及解決問題，進而提高創造力。顯然，他們堅持了下來。[3]

焦慮之類的激發性情緒不只幫助我們努力不懈，也幫助我們平衡那些可能破壞我們創造力的抑制性情緒。即便情緒困擾會使我們慢下腳步，焦慮仍激勵我們看見可能性存在的可能性，並堅持努力。然而，當焦慮本身是個負擔的時候呢？那時它還是創造性的泉源嗎？

有個禮拜，我在半夜醒來，心跳得飛快、大汗淋灕，同時有種恐懼感——和德魯在紐約市街上行走時所經歷到的沒有太大不同。當時是凌晨三點十七分。我卻突然擔心了和一位親密同事的關係。她和我在……嗯，看起來幾乎是所有事情上都意見不合。就像在跑步機上一樣，各種思緒不斷閃過我的腦海，我不斷回想起所有心煩的事情，以及我和她最後那次令人沮喪的談話，還有我當時應該說的話，而不是我說出口的那些完全不適當的話。我想我不需要解釋這些感覺。這就是焦慮。這會有創造性嗎？

然而，這種令人苦惱的焦慮**可以帶來創造性**，召喚我們傾聽並留意煙霧警報器響起的聲音，告訴我們可能失火了。焦慮召喚我們深入挖掘內心及腦海中正在發生的事，而不是像平常那樣因為害怕深陷情緒之中而略過它。

我決定聽從焦慮的聲音，在輾轉反側了好幾個小時後終於下了床，我知道必須做什麼：我需要和同事對話，誠實的對話。光是做了決定就讓那個晚上的憂慮一掃而空。它提醒我，我很好的控制了情況——而且我可以做點什麼讓它變好，而不只是半夜在床上輾轉難眠而已。

焦慮帶來的不適是創造力的泉源，因為如果我們不舒服，就會想辦法解決。**我們需要解決它**，所以我們採取行動，讓生活變得更好、創造想要的未來。轉身背對焦慮意味著將可能性拒於門外。

當我們對焦慮的反應是變得更有創造力時——當我們畫畫、栽種一個美麗的花園、開啟一場困難的對話，或是把一朵冰箱裡的老花椰菜變成一道相當體面的晚餐時——我們都能看到，焦慮帶來的禮物是正面的選擇，而不是恐懼及擔憂。

我們可以利用焦慮，來以創造性的思維看見各種可能性，並堅持將可能性化為現實。然而，這也存在著風險。它叫做完美主義（perfectionism）——而焦慮有時也會激發完美主義。

▼不要在乎完美主義，認識卓越主義

焦慮與完美主義有一些共同點：使我們關注未來將發生的事，並激勵我們把事情做好。就這個意義來說，如果我們想要取得成果並創造事物的話，完美主義是個很好的刺激——但遺憾的是，完美主義在很多時候都不是很好的刺激，因為完美主義不只是關注未來發生的事並以高標準努力將事情做好，也關注我們失敗時的後果。

完美主義者為自己設定的標準不需要解釋——這個標準不切實際、要求過高，而且往往不可能達成。當完美主義者無法達到完美時，會發生什麼？他們不會恢復活力並繼續前進，或是因提升了個人最佳成績而感到自豪。他們也絕不會慶祝自己一路走來的小小成就。相反地，他們用嚴苛的自我批判來打擊自己。對一個完美主義者來說，生活不是全有就是全無：你可以是個贏家或者你可以是個可憐的、毫無價值的失敗者，兩者之間沒有任何交集。這種對完美無瑕的不屈不撓追求導致了低自尊、憂鬱及對失敗的恐懼。[4]結果，完美主義者最終取得的成就往往比他們渴望達成的要少得多，因為他們會退縮、拖延時間，甚至完全停止接受挑戰——因為與其在恥辱中一敗塗地，不如根本不要參賽。

雖然焦慮與完美主義之間有點像，然而焦慮使我們不斷前進，並在遇到障礙時試著讓好事發生，但完美主義卻會使我們止步不前。完美主義不給失敗或不確定性留下任何餘地，反而讓路變窄，直到再也無法前進為止。完美主義（正如極端而不健康的焦慮）把可能性關在門外。

幸運的是，有一種方法可以替代完美主義，利用健康的焦慮並增加持續不懈及創造事物的能力——就是卓越主義（excellencism），[5]也就是努力追求卓越，而不是完美。它設定了高標準，但是當我們沒有達到這些標準時，卓越主義不會打擊我們。卓越主義者對新的經驗保持開放態度，他會用獨一無二的方式來解決問題，即使做錯了也沒關係——只要他們能夠從錯誤中吸取教訓，以努力取得非凡成就。

與非卓越主義者相比，卓越主義者經常表現出程度更高的焦慮，也更有責任心、有更高的內在動機、更高的推進目標的能力，以及獲得更多的正面幸福感。但他們沒有表現出更多令人衰弱的焦慮，也往往沒有完美主義者背負的其他負擔：更高的倦怠率、強烈的拖延傾向、長期憂鬱以及自殺傾向。

卓越主義吸收了完美主義最好的部分：關注細節、將我們的心與靈魂投入到正在創造或完成的事物中，但卓越主義對於能夠實現的成果卻維持開放而非封閉的態度。以報酬率來比喻更容易理解。

我們大多數人均認為，努力工作就會有回報，反之，如果一項任務應該花一天的時間來完成，而我們只投入了一個小時，結果就無法盡如人意。各種研究不斷強化這個直覺：當學生投入越多的時間、努力和精力在唸書時，[6] 成績就會提高；當人們設定困難的目標時，表現通常會超過簡單的目標，因為投入了額外的努力及個人投資。隨著投入的時間與精力增加，得到的成功及績效也會成比例的上升。這是報酬遞增的區域，一單位的努力就得到一單位的進步。這是簡單的數學。

然而，事實證明這並不是簡單的數學，因為重要的不只是努力的量，質也很重要。我們的努力越有目的性、目標越清楚及可實現，我們的表現和學習就越好。然而，只是拼命努力，結果可能會適得其反。當這種情況發生時，我們就遇到了報酬遞減的問題：效率消失無蹤，花越多的時間和努力得到的進步只會越來越少。更糟的是，報酬遞減會導致報酬減少，也就是投入越多的時間和努力卻讓事情變得更糟。這就像是在推薦的健身房訓練菜單外，增加額外的訓練時間，結果只是證明你已經訓練過度、體力透支，甚至連最基本的動作都做不到而已。換個例子來說的話，就是你為了追求完美的眉形而持續修整眉毛，反而讓眉毛幾乎消失——結果你不得不跟阿嬤一樣用鉛筆重新畫上眉毛。這就是完美主義往往讓我們陷入的境地：在報酬遞減和減少的範疇內，更努力追求捉摸不定的完美，只是讓我們的生產力和創造力下降而已（而且眉毛還變很細）。

我們可以將任何任務分解為報酬遞增區、遞減區以及減少區。[7]想像一下有兩個人，一個是完美主義者，一個則是卓越主義者，他們正在寫一個短篇小說。他們會落在那個區域呢？這兩個人都必須搞清楚自己需要花多少時間：花太少時間的話，劇情就會亂成一團，寫作缺乏組織結構，文法也會很糟糕；時間剛好夠的話，他們就會進入到報酬遞增的區域——故事品質將隨著每小時投入的努力而相應地提高。要到他們接近完成階段時，完美主義者和卓越主義者之間的差異才會突顯出來。完美主義者此時更可能進入報酬遞減區，他每個小時投入的努力在組織、清晰度和創造力方面得到的進步會越來越少。

這就是為什麼無論寫一個小說或是做一件也許有點無聊的事，比如校對時，完美主義者工作成果的品質總是（違反直覺地）低於他們實際能夠達成的品質。[8]例如，研究表明，完美主義者在從事重複性或無聊的任務時，會比非完美主義者花更多的時間、[9]正確性更低，而且工作更沒有效率。對於完美無缺的執著也以相同的方式影響著科學家：極度奉行完美主義的科學家生產出的論文品質較低、較不具創造力，發表數也較少。[10]

卓越主義者則往往會避開這些危險區域。他們在完美與只是過關之間找到甜蜜點——因為他們可以不用完美，就能做到卓越。他們在報酬遞增區中工作的時間較長，因為他們的標準雖高但可以達成，而且他們投資夠多（但不過多）的努力來達成個人最佳表現。他們知道何時該休息。他們不會困在令人筋疲力竭的完美跑步機上。

卓越主義不但幫助人們提高效率和生產力，還能提高所創造事物的品質。在一項二〇一二年的研究中，[11]研究者根據近兩千名大學生表現出的卓越主義程度給予分級，即擁有夠高的個人標準但容許犯錯空間的程度。接著，這些大學生完成多個測驗創造力層次的標準化任務——從為漫畫想出詼諧的標題到更具挑戰性的任務：針對現實世界衝突提出具原創性、高品質的解決方案。卓越主義的程度高低，影響了個人在更具挑戰性的創造力任務中所提出的解決方案的品質（但是對較不具挑戰性的任務則無相同影響力）。換言之，卓越主義程度越高，提出的解決方案的品質就越高。在真正重要的事情上，卓越主義確實比完美主義讓人表現更加優異。

愛迪生曾說，「我從來沒有失敗。我只是找到了一萬種行不通的方法而已。」這就是（由焦慮所推動的）卓越主義。卓越主義是種能力，讓人們看見當一種可能性因為失敗而關閉時，另一種可能性就會開啟，並允許我們為實現更大、更有創造力的成就而持續努力。

完美主義與卓越主義的差異

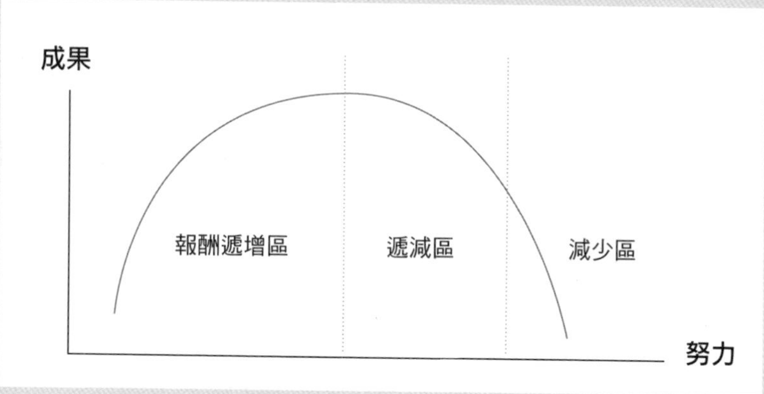

完美主義聽起來可以讓事情達到完美，但實際上卻並非如此。我們若以圖表來看，會發現努力與成果的關係並非永遠向上。在第一階段的報酬遞增區，努力付出得到的成果較為豐厚且明顯，然而，當達到一個目前能達到的頂峰後，努力付出得到的成果便會開始下降，甚至坡度變陡，被視為白費功夫。

極端的完美主義會讓人過度放大失敗的後果，導致鑽牛角尖甚至腦袋當機，無法做出判斷決策，最終落入預期中的失敗。相對的，卓越主義在乎的是「目前能達到的頂峰在哪？」，因此卓越主義者會專注於報酬遞增區所累積的成果，並在進入遞減區時及時發現並停手，長期下來，卓越主義者所累積的資本與經驗漸豐，能達到的頂峰越來越高。

▼未來的呼喚

許多人聽見焦慮的呼喚，並用來實現目標。他們最大的優勢之一（在某些情況下是他們的天賦），是他們預見到不可知、不確定的未來，並找到方法走出舒適圈，設想並創造出一些以前從來不曾實現過的事物。即使當他們的焦慮變得難熬、幾乎就像要淹沒他們時，他們仍跳進河中，開始游泳——游向未來。

極為成功的科技企業家就是個例子。暫且放下許多值得批判的事蹟不談，成功的科技企業家不可否認的成就背後有一個共通點：他們均堅定不移地關注未來。就以二〇二一年這場億萬富翁太空競賽為例，理查德・布蘭森（Richard Branson）、傑夫・貝佐曼（Jeff Bezos）以及伊隆・馬斯克（Elon Musk）在競爭誰能成為第一位繞行地球的火箭公司的老闆。如果他們這樣做的目的是要在疫情期間鼓舞大眾，那就完全適得其反了，因為大多數人將他們的飛行看成是暴發戶華而不實的兜風玩樂而已。但是這件事卻表明，儘管有些人展望未來時希望能看見更多的現狀，但也有人看見了可能性——而可能性推動他們前進。伊隆・馬斯克尤其將他的精力全力投注於塑造未來。儘管這個未來看起來像科幻小說：把人類送上火星、發明可植入人體的腦機介面（brain-computer interface），以及防止邪惡的人工智慧（AI）接管世界。無論我們對馬斯克或其他企業家的看法如何，有一件事無可爭辯：無論是好是壞，他們均突破了當前可能的界線，創造了他們想要看到的未來。無論是什麼導致他們現在焦慮，但他們的注意力、努力以及大部分財富均投注於未來。

把主題帶回到地球上吧！人們一直利用焦慮來做出關於未來的選擇。這些選擇也許沒有太空旅行和腦機介面那麼宏大，但卻可能對人們的生活產生真正的正面影響。阿拉巴馬大學（University of Alabama）研究人員考察了那些在心臟移植手術後，確實可靠地尋求追蹤照護（follow-up care）的人們的特徵。[12] 參與術後護理是對復原及預後的有力預測指標，但有很多患者只接受了一些建議的程序與評估，還有一些人根本沒有進行任何的追蹤照護。根據研究，醫學專業人士知道，對健康的焦慮是大多數人無法堅持接受治療的原因，因為他們太擔心會得知自己的情況不好，所以反而會徹底避免去看醫生。但是把頭埋進沙子裡不是什麼最佳策略，我們必須包容並管理對於不確定的預後的焦慮，並堅持進行治療。這種焦慮甚至會刺激我們格外努力地照顧好自己——這正是研究人員的結論。懷抱焦慮但還不到極端程度的人，更可能接受推薦的治療，並在移植手術後倖存下來。在這種情況中，利用焦慮來做出決定，原本可能挽救自己的生命。

▼焦慮是自由的

如果說不確定性是起跑鳴槍，而焦慮則是幫助我們堅持到終點線的能量，那麼創造力就是充滿可能性的比賽。換言之，創造力產生於當前現實及未來可能性之間的缺口中，也是體驗到焦慮所帶來的不適的地方，如果我們能夠容忍並聆聽焦慮要說的話，我們就可以計畫未來、想像藝術作品，並孵化出新的想法。我們不會在躺在沙發上小睡時創造出卓越的事物。我們是透過努力奮鬥並將自己投身到那道缺口中而創造出卓越事物。如果那道缺口很大，我們會感到衝突與痛苦，但如果沒有衝突，我們的生活就會缺乏動力，停滯不前。生命就是一連串這類大小不一的缺口。

當我在討論史考特在二〇〇七年為修復國際太空站而進行的出色太空漫步時，我沒有提到這位有五次太空梭飛行經歷的老兵並不是遇到每個情況都能老神在在。事實上，儘管身為一名貨真價實的冒險家（他是少數曾登上太空以及聖母峰頂峰的人之一），史考特卻非常害怕洞穴探險（有些人可能會說這跟登上偉大高峰正好相反）。下到深不見底的黑暗地底讓他的幽閉恐懼症快要發作。這是他的挑戰、他的巨大缺口，他在這感受到最強烈、最不舒服的焦慮。

那些有創造力地妥善利用焦慮的人便是如此，他們不喜歡焦慮，也不一定在每個情況下都能完全掌控焦慮——但是沒關係，因為他們在生活中的某些關鍵、重要領域，能夠在焦慮中（用齊克果的話來說）感受到那種自由的眩暈，[13] 焦慮幫助他們創造出某些新事物。他們在焦慮中感受到一種具有創造力、無限的可能性，他們利用而不是遠離焦慮。

9

孩子們並不脆弱

如果某種焦慮就像雲朵的光與影，掠過你的雙手和你所做的一切，你必須假定有某種事物正在你身上做工，假定生命不曾遺忘你，它將你緊握在它的手中。它不會任你墜落。[1]

——萊納・里爾克（Rainer Maria Rilke），《致一位年輕詩人的信》（*Letters to a Young Poet*）

兒子九歲時，我決定該是他學騎自行車的時候了。他是個城市小孩，雖然他從四歲起就騎著滑板車在曼哈頓市中心四處飛馳，但自行車對他而言還是個神秘的東西。這令我很煩惱。他是否錯過了理想的童年生活？當他的朋友們都騎著自行車，像電影《七寶奇謀》（*Goonies*）的孩子們一樣到處去冒險時，他會被拋在後面嗎？所以那年，當我們在紐約上州度過夏天時，我知道是時候教他騎自行車了。我有輛上世紀八〇年代的BMX舊單車（小精靈〔Gremlin〕）一直堆放在車庫裡。相信我，他們現在已經不生產這種車了！

和今天孩子們騎乘的那種超輕自行車相比，這台可是頭猛獸——堅固、沉重，幾乎跟坦克一樣，因此不容易學。

儘管小精靈是台有挑戰性的自行車，凱維第一次騎出門時還是表現得相當好——但他卻很不開心。他一直抱怨說它很難騎，而且他累到虛脫了。他開始埋怨，「如果我摔下來怎麼辦？」最後他終於小小聲說，「我會怕」。但我沒有因此打退堂鼓。我輕描淡寫：「喔，最壞的情況是什麼，膝蓋破皮嗎？」我激勵他：「來吧，老兄，保持專注！看著你的前方！」我好話說盡：「你做得到的，親愛的！來吧，你是最棒的。你真是太了不起了！」經過三十分鐘的努力後，他看起來像個在壓力下繃得緊緊的小球，於是我決定喊停。當我們步履維難地爬上山丘走回家時，我不斷地說我相信幫得上忙的見解和明智建議。

我們一回到家，凱維立刻一句話也沒說地衝進他的房間裡。我嘆了口氣，從口袋裡拿出我剛才用來拍攝凱維騎自行車的手機，發現它還在拍攝。它肯定拍下了剛才發生的一切，從學騎車到我們走上山時我的信心講話。太棒了，我來聽一聽，也許可以搞清楚事情是什麼時候以及如何變糟的。

如果我知道我會聽到什麼，我就會立刻刪除這個檔案了：

我：好吧。很好，我們走吧，凱維。我要放棄了。我已經盡全力支持你了，可是你除了抱怨還會什麼。

凱維：（聲音聽起來像是快要哭出來）我有在努力。

我：你做得很棒。你只是一路都在抱怨而已。

凱維：我真的很努力了。

我：你很了不起。但你為什麼對這件事的態度這麼負面？

凱維：我也不知道。我會怕。

我：你不會怕。沒有什麼好怕的。你做得很好。你一次都沒有摔下來過。也許我應該讓你從車上撞下來才對，這樣你就知道這沒什麼大不了的，然後你就不會害怕了。

凱維：（啜泣的聲音）

我：凱維，說老實話，你只是在說服自己你很害怕。而我不知道為什麼。

凱維：你說的對。

我：這對你來說根本易如反掌。你很會騎自行車。你只是在說服自己相信「我好怕、我好怕」而已。才不，你才不怕。你做得很好，你甚至沒有跌倒，你甚至沒有受一點小傷。

凱維：我知道。

我：所以我不得不用有點嚴厲的愛來對待你。你得振作起來才行。

這樣的對話又持續一分鐘左右。

聽完時，我已經淚流滿面。我對我說出口的話的看法與實際結果完全不同。我不是想像中嚴厲但支持孩子的母親，而是像個A型家長（type-A parent）——我貶低他的感受、羞辱他、要求他的表現，而且基本上我就是在告訴他「像個男子漢點」。我知道我得解決這個問題，但是我卻不知道為何我會如此。他對於學騎自行車的焦慮並不奇怪，為什麼我卻粗暴地不理他呢？我在理智上很清楚這件事，所以那意味著只有一個答案：我希望他的焦慮消失，因為他的焦慮讓我感到不舒服。為什麼？因為那表示他很脆弱。

幸運的是，沒有什麼比這更糟了。

▼我們並不脆弱

家長的工作是什麼？當孩子還小時，家長要做的是保護他們，解決出錯的事情，並確定他們的肚子都被餵飽了。隨著他們成長、進入青春期，我們的角色則轉變成顧問，支持、給予建議、教導他們自己解決問題所需要的各種技能。身為一名顧問，當我兒子和朋友發生爭執時，我一開始會和他一起腦力激盪，討論他如何自行處理，而不是把他朋友的父母們叫來，讓他們插手這件事。當我女兒成績不好時，我會先跟她談談採取哪些步驟可以更有效地學習並尋求老師的支持，而不是自己打電話給老師抱怨及質疑成績。隨著我們的孩子日漸成長，我們的工作是做越來越少而不是越來越多，讓他們有機會跌倒後自己爬起來。

但是當我們觀察今天的孩子們時，令人清醒的統計數字可能會讓我們質疑起只是當個顧問是否明智——他們有這麼多機會可以跌倒，他們真的能夠自己爬起來嗎？

讓我們從孩子們的未來開始談起。撇開災難性的氣候變遷、大流行病的威脅及令人不安的政治趨勢不談，我們能夠至少向他們保證只要努力工作，就能過上好的生活嗎？大多數人在成長過程中都得到過這樣的保證。但是也許我們做不到。相較於他們的父母及祖父母，今天的年輕人比較不可能獲得高薪工作、擁有自己的房子，在同樣的年齡，他們的收入超過前幾代人的機會只有一半，更可能背負著過於沉重的就學貸款。

然後是他們正在苦苦掙扎的心理健康問題。家長及學校已經發出警報，憂慮及恐懼會阻礙不分年齡的孩童學習、與他人相處的能力，以及玩樂的能力——孩子就是孩子，他們需要玩樂。一旦進入青春期，情況又變得更加令人憂心。每一年都有百分之十八的青少年罹患焦慮症，在十八歲的青年中也有百分之三十三的人罹患焦慮症——光是在美國人數就超過一千萬人。[2] 孩子們清楚這個問題影響甚鉅。二〇一九年二月發布的皮尤研究中心報告顯示，[3] 百分之九十六接受調查的青少年認為焦慮及憂鬱對他們來說很嚴重，百分之七十的人則認為是同年齡層中的主要問題。他們是對的，因為這一千萬名曾經罹患焦慮症的年輕人，在成年時持續受到焦慮所苦的可能性更高，也更容易陷入憂鬱、成癮及藥物問題。青少年焦慮是通往未來心理健康問題和疾病的大門。

我們將這些統計數字視為這個世代脆弱性的標誌，說明了第四章中討論過的趨勢：安全空間和觸發警告的激增。我並不是說「不要擔心未來」。坦白說，我也擔心。但是持續保護我們的孩子不受到情緒困擾（並教導他們做同樣的事），不是個解決辦法。我們該做的事情完全相反，因為，儘管我們在這個世界上面對著各種壓力，但人類並不脆弱。我們具備「反脆弱」的性質。

脆弱的東西很容易破碎，應該小心翼翼地捧著。當一個脆弱的東西真的破了——想像一下一個瓷杯從你手中掉落，在地板上摔成了許多的小碎片，它永遠不可能恢復原樣，因為那些裂縫將永遠存在。

反脆弱性則是脆弱的反面，是一種因為挑戰、艱難及不確定性而變得更加強大的特性。這讓反脆弱性有別於韌性、穩健性，以及抵抗並從挑戰中回彈的能力。反脆弱的事物不只是像根有彈性的樹枝一樣不會在風暴中折斷而已，更會從隨機性、易變性及無序性中得到力量，需要在混亂中才會成長茁壯。

這就是為什麼人類本質上是反脆弱的原因。

以免疫系統為例。免疫系統是反脆弱的，因為它必須暴露在細菌和病原體的挑戰下，才能學會做出免疫反應。沒有這樣的暴露，我們就像住在塑膠泡泡裡的男孩一樣，由於免疫系統無法發揮作用，因此無法在開放的空間中生存。事實上，當沒有挑戰需要克服時，反脆弱的系統會變得僵硬、脆弱，並且缺乏效率。當生活總是可預測、安全而舒適時，就沒有必要用努力和創造力來回應了。骨骼與肌肉是反脆弱的，原因是躺在床上一個月會導致萎縮，而挑戰會讓身體變得更強壯。

焦慮也是反脆弱。當我們允許自己去感受憂慮、恐懼及不確定感帶來的不適時，我們便接受挑戰——但我們也會有動力採取行動，去克服問題並減輕我們的痛苦，讓自己下次能夠更好地管理焦慮。當我們犯了一個大錯時，熬過全盤皆錯的焦慮的能力，提高了我們在下一次搞砸時堅持下去的可能。換言之，發展強大情緒免疫系統的方法，就是允許自己去感受艱難的情緒，並要求自己承受情緒帶來的痛苦。如果我們在構建生活時，是以迴避所有不快樂的感覺及破壞所有不確定性和隨機性為目標，我們將無法利用反脆弱的本質來盡所能地應對生活的挑戰。

從這個角度來看，保護孩子不受焦慮困擾並不正確。沒有將焦慮付諸實踐的機會，孩子們無法學會在不確定性中尋找可能性，以及在面對逆境時發揮創造力。我們不是生來就知道如何管理焦慮，就像我們不是生來就有一個已經充分發展抵抗病菌能力的免疫系統。但是這兩個反脆弱系統都從挑戰中學習，並且能夠找到自己的路。

納西姆・塔雷伯（Nassim Nicholas Taleb）創造了「反脆弱」這個詞，他在《反脆弱》（*Antifragile*）一書中描述很優美：風吹熄蠟燭，卻給火帶來了能量，他寫到，因此「你想成為火，並希望有風。」[4]

這不是要說應該讓孩子孤立無援地面對壓倒性的挑戰，因為即使是反脆弱性的熊熊烈火，也會被情緒壓力或創傷的颶風撲滅。當他們處在高強度、高挑戰性的情境下時，也需要提供安慰與支持，兩者才能達到平衡。研究證實，當談到焦慮時，必須讓孩子感受到風的力量。

二〇一九年，一百二十四名年齡介於七到十四歲的孩子及家長前往耶魯大學醫學院兒童研究中心（Yale School of Medicine Child Study Center）參加研究，[5] 這些孩子都被診斷出有焦慮症。他們選擇了黃金標準認知行為療法（cognitive behavioral therapy，CBT），因為這是治療焦慮最行之有效的可靠療法。孩子將探索並逐步學會面對憂慮與恐懼，會辨認並修正無益的想法，如災難化思考及嚴苛的自我批評，並嘗試新的策略及行為來處理他們的焦慮。根據研究規劃，有半數參與研究的父母同意放棄讓孩子接受治療，自己參加研究。家長們參加的是新型的教養療法，具體目標是教導家長們不要再拿走孩子的焦慮。

這個教養療法的簡稱是空間教養（SPACE）——童年情緒焦慮的支持性教養方式（Supportive Parenting for Anxious Childhood Emotions）。關注於焦慮兒童的家長往往過度遷就孩子的焦慮：如果孩子怕坐飛機，這個家庭就會選擇開車出遊；如果孩子害羞並對社交感到焦慮，家長就會停止招待朋友來家裡；如果孩子受不了和家人分開，他們就會盡一切可能地陪伴孩子，甚至允許孩子逃學。這類善意的努力本是為了幫助孩子，但是正如任何家長會說的，這樣也會幫助這位家長，因為看著孩子受苦、掙扎很困難，透過安慰孩子，家長也安慰了自己。

但是這種策略經常適得其反。避開引發焦慮的情境可能會暫時安慰焦慮的孩子，但是長期而言，這種遷就會讓孩子無法學習處理那些造成焦慮的情境。

空間教養教導家長讓孩子焦慮，但同時也給予支持——認同孩子的情緒，將我們相信孩子可以撐過焦慮的信心傳達出去，並幫助孩子度過（而不是繞過）造成焦慮的情境。舉例來說，索爾維格因為無法忍受和父親分開而拒絕上學，那麼父親可以說，「我知道你現在覺得很不安，但是你可以處理好。你會好起來的。」然後無論如何還是把索爾維格送去上學；凱比爾的父母不再讓人來家裡作客，因為凱比爾非常害羞，有其他人在家裡時他就一步都不肯踏出房間，然而，父母可以先邀請信賴的朋友和家人來作客，一開始只是短暫拜訪，接著就待久一點，並確保凱比爾可以和客人混在一起，這樣孩子就可以慢慢地覺得更舒服、更有自信。

改變不會在一夕之間發生，但是在家長接受十二週的空間療法後，有百分之八十七的孩子焦慮情形明顯減少，並且更能積極適應，結果就跟接受頂級CBT的孩子們一樣好。不要那麼遷就但更加支持孩子的方式，不僅幫助了孩子，同時也幫助他們了解孩子並不像他們所擔心的那樣脆弱。

不是所有人都有幸能參加教養療法。但還是可以做一些小事情，來促進孩子面對焦慮的反脆弱性，就像為他們的情緒免疫系統注射加強劑一樣。

首先，我們可以讓孩子與焦慮情緒共處。我兒子就讀四年級的某一天，他把數學作業忘在學校裡。當他意識到作業不在書包裡時，他立刻就哭了，踱步來踱步去並開始大口喘氣，彷彿換氣過度一樣。我為他倒了一杯水，並讓他坐下。我們一起想出一個很好的辦法：請一位同學的媽媽傳一張回家作業的照片，這樣凱維就可以抄下來。

問題解決了！但這不是全部，因為後來他透露了他真正擔心的事：他心愛的Z老師還是會知道他把回家功課忘了，並對他留下糟糕的印象。他一想到早上將不得不面對Z老師的不以為然，讓凱維的焦慮感狂跳了十倍。他哀求我發一封電子郵件給Z老師，讓她知道，事實上他真的做了回家功課，並且會在早上盡責地交作業。只是跟我討論這個方案，就讓他明顯平靜下來。

但是令他沮喪不安的是，我拒絕了。我說明原因——在不舒服的焦慮下工作也是我們學習應對焦慮的方式。他不接受我的解釋。所以現在他很擔心而且非常生我的氣。我很快就感覺到自己的焦慮程度也上升了，看著他因為我拒絕為他做某件事而如此不安並不好受。我們甚至進行了一個小小的CBT療程，讓彼此舒緩——比如說仔細探索他的憂慮、討論Z老師是否真的會對他不高興，以及進行讓人平靜下來的呼吸練習。但即使他變得平靜了些，他的焦慮仍未消失——那天晚上他輾轉難眠、擔心不已。

隔天，當他從學校放學回家時，他一邊揮舞著手中的一張紙一邊跑向我：「我不要告訴你。我要給你看！」那是他手寫的數學作業，上方貼著一個大大的A⁺，還有「你想出辦法完成了你的作業，做得好！」凱維發現，找到一個新穎解決辦法的回報，有時候會與嘗試某樣新事物的焦慮攜手而來。

我可以寫一封電子郵件給Z老師並緩解他的焦慮。我可以抱著最良善的意圖這樣做，而他（和我）也可以睡得更好。但他會失去學習的機會：他可以忍受焦慮帶來的不舒服——並在這過程中達成某些正面成果。我們正是在這些尋常、平凡的時刻支持或破壞了情緒的反脆弱性。令人遺憾的是，無心的破壞正在迅速成為新的日常。

▼情緒掃雪

在過去五十年裡，保護式教養不斷發展。在一九七〇至一九八〇年代，來自陌生人的威脅以及孩童失蹤的情況越來越多，年僅六歲的伊坦・帕茲（Etan Patz）悲劇性失蹤更加速了保護式教養的發展（帕茲是第一個相片被印在牛奶盒上協尋的孩子，他在一九七九年於曼哈頓市中心失蹤）。在接下來的二十年裡，在沒有大人陪同下讓孩子們在戶外和公共場合玩耍似乎很危險，到了一九九〇年代末及二十世紀初，孩子們在無人監督、無特定組織的情況下玩耍及休息的時間，相較於一九七〇年代少了百分之五十。[6]此時，孩子必須持續受到監視和管理的信念早已內化，他們成了「直升機父母」，盤旋於孩子生活的方方面面，從教育及運動到友誼及玩樂，無所不在。

在二十一世紀的今天，我們看見了直升機父母的神化——掃雪機父母（snowplow parent），他們強行清除孩子道路上的任何可能障礙。正如俗話說的，他們在為孩子們鋪路（即便可能違法），而不是為他們的孩子做好上路的準備。

舉一個尤其惡名昭彰的例子，二〇一九年的大學招生醜聞。[7]好幾十名富豪名流家長用作弊的方式讓孩子進入頂尖大學。據了解，他們向大學體育教練支付了數十萬美元，以便讓孩子加入他們從未參與過的運動，甚至還為水球、帆船及划船運動拍攝了假照片，制服、裝備及獎盃一應俱全。他們賄賂主考官，偽造假成績。他們還買通心理學家做出學習障礙的診斷，以便讓孩子有更長的考試時間。

但這個極端的例子透了出一個事實：掃雪機教養不一定是移除通向成功的具體

或外在障礙，它也移除了內在障礙——移除那些認為讓孩子更脆弱、更不可能成功的情緒，如焦慮等，類似情緒上的掃雪。

當我試圖教凱維騎自行車時，我在做的就是情緒掃雪。我對他的恐懼和焦慮的反應，是將情緒當成妨礙他的障礙，讓他無法做應該有能力做的事情——我想像中的情景是他愉快地跳上自行車，稍微搖晃一下，然後就像風一樣飛馳起來。他的焦慮破壞了我的美夢，所以我只想要擺脫焦慮。當我認定這件事輕而易舉時，他卻在掙扎，這也令我焦躁不已。**他正在變成一個「焦慮的兒童」嗎？這是否表示他會害怕未來的挑戰？**我看不出來他覺得焦慮是很合理的——他擔心摔倒、擔心在碎石地上磨破膝蓋、擔心他在我指定的陡路上騎得太快。我也不明白我為他掃除焦慮的努力，創造了一個新焦慮：他擔心自己會讓我失望。

當孩子們正在焦慮中掙扎時，即使我們是用心良苦地想要幫助孩子，最終也可能變成掃雪機教養。

二〇一九年四月，我在曼哈頓一家明星高中向滿場的家長發表了有關孩童焦慮的演講。這所學校專收智商頂級的學生，且在校時還必須保持優異成績並參與一系列令人印象深刻的課外活動。因此當十幾名家長在演講結束後來找我時，我以為我會聽到一些相當普遍的故事，諸如資優兒童對於高學業期望感到壓力及憂慮等等。但這些家長們的描述卻遠遠超出了我的預期。孩子在十五歲的年紀就已經瀕臨崩潰，被學校課業壓得幾乎吃不下也睡不著，持續自我批判（**我很笨，我甚至不配進這所學校**），他們受到嚴重的焦慮折磨，以至於即使他們已經掌握了學習內容，還是在考試時僵住無法反應。

儘管這些家長來參加關於兒童焦慮的座談，也明顯關心並擔憂孩子，但卻幾乎沒有人問我關於焦慮的事——或是關於治療、兒童情緒發展的事。相反，他們問我多少家教課才算太多、青少年需要的最少睡眠量是多少，以及競技性運動是否能幫助孩子培養更多勇氣。一名父親這樣說道：「我不喜歡強迫我兒子一禮拜上兩次數學家教，補習圍棋及電腦程式寫作，但如果這能幫他趕上同儕的程度，也許他的壓力就不會那麼大了。」

孩子的焦慮已經失控，但是這些家長並不希望焦慮是個問題。我可以理解為什麼他們認為這會意味著孩子很脆弱，容易被打破而難以修復。這就像是我給孩子壓力，要他騎那台自行車時一樣的心態。對我，以及對這些家長而言，焦慮是失能。但焦慮的真正意義，應該是某種需要去探索、討論及努力熬過去的事物，某種需要注意的事物。更重要的是，焦慮是某種能幫助孩子向前邁進的事物。

▼神奇的青少年大腦

約瑟夫就讀大學二年級，他一直都很忙。當他是個大學新鮮人時，他創辦了一家非營利組織，工作是清理散落在海洋中的塑膠廢棄物，今年他利用程式設計能力來改善校園裡的危機傳訊熱線。當被問到下一步的計畫時，他列出了一長串可能性，從為他的男友舉行一個驚喜生日派對，到成立一家科技新創公司。然而，儘管他才華橫溢、雄心勃勃，但他對於青少年大腦的看法似乎和大部分人都一樣：「我上過神經科學課知道我的額葉還在發育，所以我並不總是信任我在心煩或壓力下時所做的決定。」

約瑟夫不自覺地人云亦云，認同這種已經滲透到社會認知的敘事——青少年過度情緒化，容易在衝動下冒險，因為他們的額葉還很不成熟，無法控制驅力與激情。將這個觀點與古老關於「荷爾蒙狂飆」的觀念結合，就會變成：青少年時期必然是**狂飆突進**（Sturm und Drang）的脆弱時期，情緒總是戰勝理性。

然而青少年的大腦並沒有不成熟和失控，它們的發展方式比我們認為的更為有利。

不過是幾年前，科學家們還認為大腦結構及功能的主要變化，只會發生於產前以及生命的最初幾年。現在我們知道這錯了，大腦的大規模、根本性發展和重組會持續整個青春期並進入到成年早期——也就是介於十二至二十五歲間。[8]這意味著我們的大腦到二十多歲時才會進入到成年期。但擁有成熟的大腦是什麼意思？

大腦的發展是由於灰質（gray matter）與白質（white matter）的變化。灰質是由腦細胞以及細胞之間的突觸連結（synaptic connection）所組成，而白質則是由軸突（axon）組成，軸突使得前額葉皮質等位於大腦外層的神經元，能夠迅速與邊緣系統（limbic system）等位於深層區域的神經元進行溝通。隨著大腦逐漸成熟，灰質會隨著白質的增加而變薄，這是因為神經元迴路的建立與改善是通過修剪，在這過程中將腦細胞之間不使用的連結（即灰質）摧毀，從而增加那些聽從我們指揮做事的有效及有用神經元迴路的強度。

要不就用它，要不就失去它。就像我在高中時學了點義大利語，但後來再也沒有碰過這門語言一樣，說義大利語的連結被逐漸修剪掉了，所以現在我只會說 *Grazie mille* 跟 *Prego* 而已。這就像修剪掉樹木的枯枝，能讓樹長得更好，或是從手機裡刪除舊的應用程式，才能讓它跑得更快。這些不只是隱喻而已。二〇〇六年發表於《自然》（*Nature*）期刊的研究顯示，[9] 智商較高的兒童灰質的生長較早，隨後在青春期早期就急劇變薄。

人類大腦中最早成熟的區域是感覺和運動系統，它們支持五種感官以及身體動作的協調。接下來成熟的是大腦的邊緣和酬賞系統，也就是情緒中心。最後成熟的是前額葉皮質的部分，也就是大腦的「控制中心」，幫助我們制定計畫、做出合理決定、評估風險、延遲滿足，並調節我們的情緒。我們應該如何詮釋青春期大腦中情緒與控制中心的發展不平衡？通常我們會說「可憐的青少年！」他們不得不用他們的「情緒腦」思考，而我們成人則可以用我們的「理性腦」思考。

實情與此差距甚遠。儘管存在著這種不平等的發展，額葉和邊緣系統之間力量平衡是不斷變動的。有時「控制中心」坐在駕駛座，青少年可以制定十分理性的計畫和決定，遵守規則，避免危險；有時「情緒中心」負更大責任，使青少年比一般成年人更優先考慮風險、報酬及人際關係。這意味著他們更強烈也更頻繁地回應這個世界上的情感訊息，包括威脅與報酬、愛與恨、不確定性與新穎性。然而，這種變動是種雙面刃，優勢是讓青少年能夠更有彈性、更快適應變化、快速學習，並接收他們周遭的社會及情緒訊號。但是它也可能成為阻礙。

承擔風險是個好例子。由於情緒及控制中心之間的發展不平衡，青少年確實比成人冒更多風險——甚至比前額葉皮質發育更少的兒童冒更多風險。但我們只會在特定情況下才會看見這些冒險行為，其中一種情況涉及了其他人的參與。在一項二〇〇五年的研究中，[10]分成十三至十六歲的青少年、接近成年的青少年以及十八至二十二歲的年輕成人、二十四歲以上的成人共三組，進行了模擬駕駛，他們被告知要開得越遠越好，直到交通燈號變成紅燈並出現一堵牆。如果他們太慢才停下，他們就會撞上那堵牆並失分。有些人單獨進行這項模擬，其他人則以三個同齡人為一組進行模擬。猜猜看誰撞牆的次數最多？答案是十三至十六歲的青少年，但只有當他們和同年齡人在一起時才會出現這種情形。成人模擬無論單獨或與其他成人一起，模擬駕駛的結果都一樣。

從演化論的角度來看，青少年與同儕一起時出現的這個冒險「問題」，其實並不是問題。事實上，在史前人類的眼中，對風險與社會連結持開放心態是項無價的資產，因為史前人類在進入青春期初期時就已經「成年」了。也就是說，一旦人類到了可以生育的年齡，他們就開始生育；他們離開安全的家、組建新家庭，承擔起造福部落的嚴肅責任，並走到外面的世界去探索與學習。大多數的古人類在四十歲前就會死去，因此如果沒有在青春期冒險，當部落必須盡全力生存及促進繁榮時，整個部落就會出現嚴重的人才短缺——也就是人才枯竭，如果你願意這樣說的話。誰來探索新的土地和認識新的人？誰要領導危險的狩獵或採集任務？誰來搞懂火能創造也能毀滅，並教導其他人如何駕馭？相較於敏捷的青少年大腦，成人大腦對風險及其回報的興趣降低，對變化的適應較慢，實在不太適合追求這樣的目標。

有意思的是，人類這種交錯的大腦發展與其他靈長類完全不同。舉例來說，恆河猴與黑猩猩和人類一樣，出生時大腦尚未發育成熟。但和人類不同的是，大腦所有皮質區域的成熟速度相同。[11] 演化生物學家會告訴你，人類與靈長類表親的差異必然賦予了某種優勢——並支持了某種人類獨有的特徵。

是的，神奇的青少年大腦並不完美，甚至可能最適合在史前生活，因為當時的青少年已經成年了。但是哪裡有風險，哪裡就有機會。青少年大腦既非異常，也不是非理性，它們是個寶庫，收藏著面對挑戰的勇氣、創新、不受框限的思維，以及建立人際關係的技能。這些優勢往往只有在孩子們拼命努力想要搞清楚一切的情況下才會出現。青春期正是精神疾病最可能出現的時期，是焦慮症發生率的頂峰。但在焦慮大腦的底層，相同的神經迴路也增強了青少年了解社會世界和形成良好人際關係的能力。

以十六歲的瑪麗為例。當她為了一項關於焦慮的研究來到我的實驗室時，她發現自己很難和我進行眼神交流，當我想用愉快的態度讓她融入時，她的回答都不超過一個字。然而，隨著她越來越自在地談論自己，她不只告訴我關於她在過去半年間恐慌症發作的事，也分享了關於她的憂慮和「神經緊張」是如何幫助她成為良好的朋友。

瑪麗的最好朋友席維雅整個禮拜都忙於長達好幾小時的回家作業以及兩個課後運動——這是固定行程，讓她沒辦法出門放鬆。當席維雅終於抽出時間和瑪麗在某個週末一起喝奶昔時，瑪麗察覺到席維雅在談論上週末的派對時一直煩躁不安，眼神看向別的地方。席維雅的臉也戴上了當她希望大人別來煩她時所慣用的假笑——

這絕對是個危險信號！當瑪麗看著席維雅、聽她說話時，她自己也開始變得更焦慮了。她就是知道某些事不太對勁。於是，冒著讓席維雅生氣的風險，瑪麗還是催促她說出到底發生了什麼事。瑪麗果然是對的，事實上，席維雅不僅和新男友分手了，而且還是因為他想要在那場派對上和她發生性關係。席維雅勉強把他打跑了，但席維雅不知道該怎麼做，或是要告訴誰。而瑪麗就在她的身邊，並幫助她想出了該採取的行動。這多半要歸功於瑪麗焦慮的青少年大腦，這讓她能夠看見朋友正在爭執的跡象——並給予她所需要的支持。

▼多些尖銳，少點溫柔

當我們想到年輕人的脆弱性時，我們可能認為女孩們最脆弱，尤其談到焦慮時。這是事實，儘管男孩和女孩在童年期同樣可能表現出嚴重焦慮，但是一旦進入青春期，女孩被診斷出罹患焦慮症的可能性是男孩的兩倍——這種明顯差異持續到死亡皆是如此。這樣的原因，從女性生物學到社交媒體，已有大量的理論與辯論。但是有一個影響因素幾乎無可爭議，那就是許多女孩從很小的年紀就被教導要成為「完美小姐」。

「完美小姐」體現了一個理想女性的特質——聰明、美麗、有成就，而且上得了廳堂，下得了廚房。她不僅強壯，還是個「淑女」，說話輕聲細語，懂得看人眼色。「完美小姐」長大後，費盡千辛萬苦打破了職場上的玻璃天花板，在決策桌前贏得了一個人人豔羨的席位，還是必須努力駕馭那些衝突的期望：她應該散發自信與力量，但不要讓人覺得咄咄逼人；她應該整天工作，但同時也要為家庭獻身。

這些苛求及衝突的訊息所涉及的範圍和強調的重點，讓女性成為完美主義的最佳受害者，永遠在失敗的懸崖邊掙扎——因為誰有辦法做到這些呢？正如第八章的討論，完美主義（和卓越主義不同）甚至不是為了追求高成就，而只是避免失敗而已。完美主義者認為，他們只有達到那些完美目標時才有價值、值得肯定，而任何失敗都會摧毀這種自我價值。

不幸的是，完美主義在女孩中並不少見。二〇〇六年的澳洲研究發現，[12]四〇九名青春期女孩中有九十六人（略低於四分之一）被歸類為有不健康的完美主義。來自弱勢家庭的女孩也不能免於完美主義所帶來的壓力。二〇一一年的研究發現，[13]在六百六十一名來自低收入家庭的青春期少年中，超過百分之四十的人顯示出高度的自我批判完美主義。完美主義也影響了家庭。二〇二〇年來自倫敦經濟學院（London School of Economics）的研究顯示，[14]完美主義者家長的孩子（無論性別）更可能成為完美主義者，尤其是當孩子了解到獲得父母的愛與感情（他們的關注）的條件是個人的成就時更是如此。

這如何體現在今日年輕女性身上呢？請看看十五歲的安娜貝爾，一個「完美」的例子。

安娜貝爾就讀一所對學業要求嚴格的高中，她的成績在班上一直名列前茅。雖然她才高二，但已是排球校隊的明星，在該郡的青年管弦樂團擔任單簧管首席，約會對象甚至是學校裡最受歡迎的男孩。

在她來找我的兩個月前，事情開始崩潰了。她在最難的兩門課上無法集中注意力，一週至少有幾次劇烈頭痛發作。雖然她每天都用功好幾個小時，但大半都忘了，成績一落千丈。在家時，她幾乎每天都和弟弟吵架，獨自待在房間裡的時間越來越長。她不是唯一一個在掙扎的人。在社交媒體上讀到關於自殘的訊息後，她和同年級的一些女孩約定一起自殘，決定割傷和燒傷自己。她們邀請她加入，告訴她，當她真的覺得壓力很大和焦慮時，尤其是擔心課業與考試時，割傷自己會好過些。她雖然拒絕了這個提議，卻沒有完全捨棄。

這是滑坡謬誤。女孩們努力成為「完美小姐」，她們往往成功了，並且因為她們的傑出表現——從好成績到美貌，從甜美的舉止到成為排球場上的殺球高手——而不斷受到稱讚。但這些成就很快就從表現傑出變成了只是維持現狀而已，成功的門檻不斷被加高。

對於來自其他背景的學生而言，[15] 成功的門檻甚至更難達到。例如，針對美國資賦優異黑人女孩的研究顯示，[16] 在二〇一二年，只有百分之九點七的人被認為資賦優異，而白人女孩的比例為百分之五十九點九。刻板印象威脅（stereotype threat）更令這種代表性不足的情況雪上加霜——這是指根據社會對其群體的負面刻板印象（如關於智能的刻板印象）而受到評判的普遍風險。刻板印象威脅可能會讓人不堪負荷。

但如果女孩注定要成為完美主義者，那就意味著她們也注定要成為卓越主義者。畢竟，女孩在大多數學術科目上的平均表現都比男孩要好。畢業成績排名班上前百分之十的高中女孩比男孩多，[17]總體的平均學業成績也比男孩要高，女孩也比男孩更可能去上高中的進階先修課程或榮譽課程。這不僅僅是美國的情形。二〇一八年針對跨國資料的分析表明，[18]無論該國的性別、政治、經濟及社會平等程度如何，在百分之七十的研究國家中，女孩的教育成就均優於男孩。

我們如何才能抵銷「完美小姐」的壓力？也許我們應教導女孩承擔更多風險？畢竟，我們就是這樣教導男孩。數十年的研究已經表明，[19]成人在認知與行為上都認定男孩比女孩更不容易受傷。看看遊戲場中的家長與正在盪鞦韆、溜滑梯、玩攀爬架的孩子們。家長們更可能告訴他們的兒子：「你可以的！」卻警告他們的女兒，「要握緊喔，不然會摔下來。」女孩們在遊戲場中學到的教訓不會只限於遊戲場——或只停留在童年。你可能聽說過這樣的統計數字，男性會應徵只有符合百分之六十資格的工作，但女性只有在幾乎符合所有條件時才會應徵工作。儘管受到廣泛引用，但這項出自惠普企業內部報告的研究並沒有探究原因。但有其他研究試圖探究原因，包括一份二〇一四年發表於《哈佛商業評論》（*Harvard Business Review*）的報告。[20]研究者詢問女性和男性，他們為何選擇不應徵資格不足的工作？女性表示不想落入失敗境地的可能性是男性的兩倍。

應徵一個不符合資格的職位似乎不對，但是在做好百分之一百二十的準備前按兵不動也沒有比較好。更好的辦法是，身為家長的我們應從卓越主義中汲取智慧，幫助女孩（及男孩）追求卓越，而不是完美，幫助她們準備好努力工作，申請一個覺得自己幾乎準備好的工作，在面試時讓對方印象深刻，並在爬上攀爬架頂端時勇敢一躍而下——尤其是對女孩，幫助他們走出「完美小姐」的設定，多些尖銳、少點溫柔。

我的女兒南迪尼在學齡前就被帶到實驗室裡進行研究訓練課程。她是白老鼠。我的研究助理們正在進行叫作「完美圓圈」（Perfect Circles）的實驗。[21]這個實驗已經有數十年的歷史了，目標是要讓兒童感到挫折，然後觀察他們的反應。實驗好像很簡單——我們只是要求受試者畫個圓圈，一個完美的圓圈而已，但是這比想像的難多了。

「南迪尼，你可以幫我做件事嗎？」我問，「我需要妳來畫個完美的綠色圓圈。這裡有蠟筆和紙，試試看。」就像大多數四歲兒童，她開心地畫了個圓圈。畫得相當好。

但我們必須告訴她，「嗯……不太對喔。它有點尖耶。再畫一個吧。」她再次畫了個圓圈，然後滿懷期待地抬起頭，信心滿滿地認為自己這次一定畫對了。「嗯……還是不太對喔。你看中間這裡扁掉了。再畫一個。」這次她對我挑了挑眉毛，但她志在必得，一定要畫好它，於是又畫了一個圓。「嗯……不太對。太小了。再畫一個。」

實驗的時間必須持續三分鐘半整。時間緩慢地流逝且令人難熬，因為你必須告訴一個可愛的小孩，她在一件少數她自認能夠掌握的事情中做得很糟糕。在這煎熬的幾分鐘裡，許多孩子盡責地繼續畫圓圈，但挫折感隱藏不住（「告訴我怎樣才能畫好！」）。其他孩子則淚眼汪汪，苦惱不安，我們通常會在此之前就停止實驗。少數孩子甚至假裝他們很樂意繼續畫圓圈，他們在討好成人。

我的女兒呢？南迪尼繼續畫那些該死的圓圈，但最後她轉向我說：「媽咪，我知道我在幫你做研究，可是我認為這個圓圈已經很完美了。我覺得很漂亮。我們可以快點繼續嗎？」這是我正在訓練中的小小卓越主義者。

▼一個巴掌拍不響

我沒有告訴你凱維的後續。

我們一回到家，他就回自己的房間去了，顯然這次的經驗令他感到痛苦。幾分鐘後，我請他下樓到餐桌上和我一起坐坐。

我深呼吸並點擊「播放」鍵。當我們一起聽的時候，他看見我的臉色變得蒼白，雙眼泛起淚光。

「媽咪，妳怎麼了？」他問。

「抱歉，小傢伙，」我說。「我希望你聽聽看這個，這樣你就可以看出我錯得多麼離譜。你完全有理由害怕和擔心——你是新手，也可能會摔下來。在這樣的情況下覺得焦慮其實很聰明。我犯了一個大錯，就是告訴你不應該害怕。我很抱歉。你沒有做錯什麼！我愛你原本的樣子。」

最後那句話，是把美國歌手羅傑斯先生（Kenny Rogers）和比利・喬（Billy Joel）這兩位天才的至理名言給混合在一起了，結果創造了奇蹟。他繃緊的小肩膀鬆弛了下來，並看著我的眼睛，自從我把小精靈從車庫裡拉出來之後他第一次笑了。

好消息是，就像我們這些不完美家長，我們孩子的情緒免疫系統也可以應對生活（以及家長）為他們帶來的大多數挑戰。不僅如此，他們還可以因此成長茁壯。

另一個好消息是，焦慮是一條家長與孩子之間的雙向道——一旦我們發現孩子的焦慮其實不會傷害他們，我們可能也會發現我們的焦慮也不會傷害我們。

凱維不久後就學會騎自行車了。他有時還是會搖搖晃晃，但我不在意，他也是。他和我一起面對了我們的焦慮，而最終我們都變得更為強大。

10 以正確的方式焦慮

學會了用正確的方式面對焦慮的人，就學會了終極之道。[1]

——齊克果，《焦慮的概念》（*The Concept of Anxiety*）

這句來自焦慮守護神的名言帶我們回到了開頭。即使感覺很糟，也要學習以正確的方式焦慮——那就是本書的最終目的地，也是目標。

如果你已經讀到這裡，可能已經對於這個行動召喚意味著什麼有個想法——因為你已經（在生命中的某個時刻）遇到了一個無可逃避的事實：焦慮很辛苦。焦慮如此辛苦，不僅有時讓你情緒很糟，更讓你無法過想要的生活。

到目前為止，我已經提供了一些處方，告訴你該怎麼做才能以正確的方式焦慮。沒有待辦事項清單、沒有家庭作業，也沒有需要你默背起來的治療策略。儘管如此，我已經承諾：如果挑戰自己關於焦慮的信念——無論你認為焦慮是什麼或不是什麼、焦慮的好處是什麼，以及焦慮如何影響生活——全新的心態將改變你對焦慮的整體經驗，也將因此創造出更好的生活與未來。

請別誤會我的意思，因為成為典範轉變者不會是簡單地照單全收。但我真的相信，改變心態將引發一種強大的變化，幫助你以全新的眼光看待這個世界，做出不同選擇，嘗試新的事物。這需要努力。如果你已經讀到這裡了，你已經考慮過要努力做這件事了。

在最後的這一章裡，我提供三個基本原則來幫助你開始與焦慮交朋友，濃縮了前面的內容，當焦慮令人迷惑、成為負擔，並阻擋你繼續前進時，這些是可以幫助你保持正確方向的行動步驟。

請注意，這些是原則，不是招數或策略。不是因為策略不好，而是坊間已經有許多應付焦慮的出色妙招及成套辦法。但這些策略的問題在於，它們的目的是要克服焦慮。

我的目的則不同。這三個原則的目的並不是克服焦慮，而是了解焦慮的訊息，接著試著用來改善你的生活。

這三個原則是：

1. 焦慮是關於未來的訊息，傾聽你的焦慮。
2. 如果焦慮沒有用，就暫時放下它。
3. 如果焦慮有用，就用它來做些有意義的事。

▼焦慮是關於未來的訊息，傾聽你的焦慮

焦慮只是一個密集而有力的訊息包而已。它結合了身體感受（心跳加速、喉嚨

緊縮、表情痛苦）和一連串（有時是一大串）的思想與信念（憂慮、心裡上演的小劇場、問題的解決辦法），將你的注意力集中在某件重要的事情上。它告訴你，壞事可能會發生但還沒發生，你還有時間和能力可以把事情做好，並得到你想要的東西。這就是為什麼焦慮表明了希望。

但為了達到目的，焦慮必然令人不舒服，因為它需要你坐直起來，好好注意。焦慮是激勵的信號，當現狀與希望實現的未來之間的缺口縮小時，焦慮會提高你的注意力與動力。沒有其他情緒可以像焦慮一樣使你持續瞄準未來，專注於威脅及酬賞上，並且不斷朝著目標努力。這就是為什麼焦慮是種有用的情緒：焦慮促使你全心全意瞄準目標。

但諷刺的是，儘管焦慮的不愉快使你注意到重要的事物，但隨之而來的不愉快卻會讓人很難去傾聽。糟糕的情緒讓我們想轉身離開，我們必須養成在採取行動擺脫焦慮之前，先與焦慮共處的習慣。

這就是為什麼當談到傾聽焦慮時，好奇心是最要好的朋友。

我的意思不是說你應該想要焦慮。我沒有把書名取為《愛你的焦慮》——雖然確實曾出現在我腦海中——因為不是所有焦慮都有用。但是你對焦慮的痛苦所採取的姿態，會影響焦慮的不舒服程度、你能承受的程度，以及你可以用它來做什麼。所以不要愛你的焦慮。甚至不要喜歡它。只要對它感到好奇就好。

乍看下，這可能不太有道理。你怎麼能對一個正在傷害你的東西感到好奇呢？但是焦慮並不危險。當你以好奇的態度來接近它時，這個基本事實便顯而易見。你意識到探究焦慮是安全的——這便會改變一切。

就以第一章中的特里爾社會壓力測試為例。[2]在實驗中，有社交焦慮的人們在進行如公開演說或棘手的數學測驗等困難任務時，會受到態度不友善的陌生人的評判。參與者提前被告知當他們焦慮時的自然反應，如心跳加劇、呼吸急促、感覺胃部不適等，其實是身體受到激勵，正在準備要面對前方的艱鉅任務。雖然這種想法對一些人而言可能難以接受，因為他們相信的是焦慮敏感度（anxiety sensitivity）：認為焦慮本身在心理學上和醫學上都是有害的想法。但是在研究中，這個觀點被糾正了：受試者被告知，焦慮是健康的，而且會幫助他們得到最佳表現，因此他們被鼓勵要對將要體驗到的各種不舒服情緒，抱持更多的好奇心及肯定。

而這樣做很有效。

相較於沒有被告知焦慮是有益的參與者，他們的身體反應更健康：他們的血管更放鬆、心率也更低。由於高血壓及心跳加快會隨著時間的推移而損耗身體，因此當受試者不再認為焦慮有害後，傷害實際上便減少了。他們的身體反應如同努力達成艱難任務的健康身體。

傾聽焦慮的第二個重要面向是：感知它何時增加、何時縮小，甚至是消失。換句話說，你的焦慮程度是會改變的。焦慮程度往往是在一個挑戰性時期的開始或是遇到阻礙時達到頂峰，當你克服這個挫折並達成目標時便瞬間下降。焦慮的停止同樣提供了重要的訊息：你可以把腳從油門上鬆開了。在這方面，焦慮和身體的疼痛很像——當它迫使你採取行動保護身體（例如把手從熱鍋上抽回）時，疼痛非常有用，但是當疼痛停止時也有用處，因為讓你知道危險已經過去了。對焦慮抱持好奇心，意味著從頭到尾傾聽：當焦慮開始時、當焦慮出現變化時、當焦慮停止說話時，傾聽它。

如果想要對焦慮抱持更開放與好奇的態度，必須重新思考焦慮這個詞對你的意義。

為了理解這一點，讓我們暫時岔開話題，深入挖掘焦慮的現代語言。這個英文字現在已經變得無所不在。網路文本分析顯示，今天的人們寫到或說到「焦慮」的可能性是四十年前的十倍，代表焦慮已經取代了壓力的地位。一九八〇年代時，每個人的嘴邊都掛著壓力（stress）一詞。當時，如果有人問，「你好嗎？」而我的回答不是「很好，謝謝你。」我很可能會說，「嗯，還好，但我壓力很大。」我們用「壓力很大」（stressed）來簡稱每一種稍微不愉快的感覺——疲憊、不堪重負、憤怒、關心、害怕和悲傷，就連喜悅時都有可能使用。你的婚禮籌備得怎麼樣了？喔，很順利，但我壓力很大。你手術後復原得怎麼樣？壓力很大，但我會撐過去的。

焦慮已經取代了壓力成為我們情緒語言萬用詞，我們用來表示每一種不舒服的情緒，每一種不確定的感覺，像是我們對於上台報告、相親、展開新工作感到焦慮。從恐懼到愉快的期待，這個詞像變形蟲一樣吸收了一切。然而光是使用這個詞就會讓我們的生活染上負面的意義，注入危險以及一抹不太對勁的感覺。某種程度上，這是因為英文詞彙中無法表達焦慮的細微差別。

不是所有的語言都有這種情形，許多語言都有不同的詞彙來表達健康的焦慮以及使人衰弱的焦慮。在柬埔寨使用的高棉語（Khmer）中，「*khlach*」（恐懼）以及「*kut caraeun*」（憂慮）並不少見。但相較之下，他們卻用「*khyal goeu*」來描繪類似恐慌症發作的經驗——一種危險的暫時失去知覺，伴隨著心悸、視力模糊，以及呼吸短促。在一些西班牙語文化中，「*taque de nervios*」（神經發作）包括失控尖叫或大喊、哭泣、顫抖、感覺胸部和頭部發熱、解離或靈魂出竅的經驗，以及言語或身體上的攻擊行為，但是表達令人痛苦的焦慮和對未來的期盼的詞彙並不同：「*la preocupación*」和「*la ansiedad*」用來表達苦惱，而「*el afan*」表示熱切期盼。

我並不是要說，說高棉語或西班牙語的人比較少會衰弱性焦慮——雖然也許他們確實是。我要說的是在英語這個醫學科學的主流語言中，焦慮一詞代表了從簡單的期待到臨床疾病的一切。這種不精確性讓焦慮變得更令人難以承受，也更難確定。

來自杜克全球健康研究所（Duke Global Health Institute）的心理學家在尼泊爾工作了數年，正面體會到正確地使用焦慮的語言有多麼重要——因為他們的行為產生了意想不到的負面後果。諮商師經常將創傷後壓力症候群翻譯成「*maanasik aaghaat*」，意即「大腦衝擊」。然而在尼泊爾、印度和巴基斯坦，*dimaag*（大腦）以及*mann*（心思）並不相同。[3] *Dimaag*單純指涉身體，就像肺部和心臟等其他器官。如果*dimaag*受損，人們會認為傷害是永久性的，恢復的機會很低。相對地，如果*mann*陷入困境，人們認為心和心思是可以得到幫助及療癒的。給予尼泊爾鄉村地區的創傷後壓力症候群患者「大腦衝擊」的診斷時，諮商師無意間令他們相信自己無法痊癒，許多人因而深感痛苦，拒絕治療。但只要重新設想焦慮的語言，就能夠避免這個令人痛苦的誤解。

一旦你對焦慮感到好奇，注意到你用來形容它的語言，傾聽就不需要什麼複雜的技巧。你可以放心，你有能力理解焦慮要說什麼，而且（就像所有情緒一樣）它一定會過去。但是，不要錯過直接面對感覺與想法的機會，因為這是股像燃料一樣在血管中流淌的興奮能量，充滿了激情的渴望、令人窒息的恐懼以及懷疑，而懷疑之後，往往是逐漸增長的信心——也許你確實有成功所需的一切條件。感覺本質上是種能量，需要目標和方向來從焦慮變成希望，從憂慮變成驚奇。你有夠大的世界、夠多的時間可以去好奇、去觀察，因為你知道焦慮不會是永遠的。

除此之外，也要傾聽別人的焦慮。小小地表達你對焦慮的開放性會影響很大。如果你問朋友和家人，「你今天過得怎麼樣？」而不是像是「你今天過得好嗎？」這樣的引導性問題，對話就會改變，因為你沒有在調查中預設或希望得到特定答案。開放式問題不會施加壓力來迫使對方回答愉快的、肯定的答案，如「我今天好極了！」無論答案是好是壞、是擔憂還是有希望，你都對開放式問題的可能性感到好奇，說「多告訴我一點」、「那是什麼感覺？」或「我聽你說說」。讓好奇心存在，不要去評斷、審查，或試圖在當下刻意想出一個解決辦法。這將提高你傾聽焦慮的能力，並幫助所愛的人也這樣做。

▼如果焦慮沒有用，就暫時放下它

這本書的大部分篇幅都花在告訴你不要壓抑焦慮，不要害怕它，當然更不要否認或厭惡它。我說過，焦慮帶有珍貴的訊息，當你傾聽它時，你就會獲得關於自己以及所關心的事物的智慧。焦慮這種情緒可以幫助你採取必要行動，改善你的生活。

但並不總是如此。

焦慮不是每次都有用或是直接了當。有時會很慢才揭露訊息、有時候毫無意義，乘載了大量情緒，但沒有你能辨別得出來的有用訊息。

這就是為何辨別焦慮有沒有用很重要。但你要如何分辨？

你醒來就想著女兒學校的那個嚴重問題、你工作的截止日期，或是你真的需要換掉的壞掉電器。你試著停止思考，但心思卻不斷回到電器上面。這種憂慮是種信號，直接了當地告訴你什麼困擾著你，催促你採取明確而具體的行動。

這是有用的焦慮。

然後還有無用——或是還沒有用——的焦慮，通常不是無法採取合理的行動，就是因為焦慮自由浮動，無法扣連到明確的問題上。當焦慮讓你沒有選擇餘地、無法採取合理行動時，你會感覺失去控制。你無法弄清楚要採取什麼行動來減輕焦慮感、解決手上的狀況。就像是當你去看醫生做組織切片檢查一樣：在結果出來之前，你什麼都不能做。這種焦慮會讓你感覺不堪負荷、十分無助，陷入極度擔心和憂慮的循環中。很難看出焦慮到底能用來做什麼。

如果是自由浮動的焦慮，你很難確定有什麼事情需要注意，或是該採取什麼行動，因為焦慮的感覺很模糊，就像是帶著一種持續且有害的恐懼感走動時，發現世界彷彿偏離了軸心，但你無論如何也不知道原因。也許，隨著時間的推移，這種焦慮的原因會變得明確，到時你就可以處理了。或者，也許它只是個假警報——只是有人抽菸而已，沒有發生火災。焦慮並不完美。它是人性，所以有時也會出錯。

無論是哪種情形，你能做的只是把你的焦慮好好地擺在一邊，試試不同的事情。隨它去。

這不意味著應該壓抑或試著減輕焦慮。你只需要放下焦慮，休息一下，去做別的事情。它會等你，當你回到身邊時，你可能發現，你已經採取行動來緩解痛苦不安了。或者也許那焦慮並不是真的和任何事情有關——它是個啞彈。

數十年的研究表明，放下焦慮的最佳方式包括：培養能讓你放下腳步並沉浸在當下的經驗。當焦慮淹沒我時，我可能會讀一首最愛的詩，或是聽能讓我感動的音樂。我會散個步，享受自然世界之美，欣賞樹的壯麗、建築物上的光影變化，或是全神灌注於葉子上精緻的葉脈。我常和某位能讓我感覺平靜的朋友聯絡，她更像我，因為她是世界上最了解我的人。

無論是什麼經驗都好，只要能讓你慢下腳步，專注於當下，花時間在那上面。

你將開始打破焦慮的惡性循環，這種惡性循環就像把你扔進憂慮和恐懼的兔子洞裡。你也會得到一種驚奇、豁然開朗的感受，因為你屬於這個充滿可能性的浩瀚巨大宇宙，而且你擁有一席之地可以去追尋自己的特殊目標。

在這些經驗的滋養下，在找到慰藉與清明之後，你可以回來思考與傾聽焦慮了。你會找到讓焦慮變得有用的方法，然後，最後一步了——用來做些有意義的事情吧。

▼如果焦慮有用，就用它來做些有意義的事

我們往往把焦慮當成失敗來對待：如果你感覺很糟，那就是哪裡出了問題。結果，我們的目標變成了管理焦慮，好讓它消失，並且相信當你這樣做時，就表示你是快樂、健康的。

這和我的建議正好相反。

沒有焦慮的生活不可能達成，而且這還是個糟糕的想法，因為你需要焦慮來讓生活變得更好，特別是面臨挑戰的時候。正如我們在整本書中已經探討的，焦慮讓你看見什麼是重要的，使你專注、拒絕分心，並用全部的力量來追求或解決。焦慮不是應該安靜下來的噪音，而是從嘈雜而一成不變的生活中脫穎而出的清晰、響亮的信號。

我們的思想有一半的時間是在漫遊。這不是個演化上的錯誤，因為當思想在遊蕩時，大腦進入了所謂的預設模式：[4] 休息但依然活躍。研究顯示，預設模式的大腦實際上是在反復考慮有關自我與他人、目標與選項的各種想法。事實上，它在保存能量，直到某樣事物攫住了注意力為止，就像一名司機昏昏欲睡地在鄉下的路上行駛，但是當暴風雪不知從哪裡來襲時，他就變得全神貫注起來一樣。焦慮是個信號，提醒你該注意了。它的行軍令是：暴風要來了，準備行動。

焦慮控制注意力與能量，因為希望我們做些什麼。就像任何能量都無法被創造也無法被摧毀一樣，焦慮需要轉換、疏導、給予去處與方向。否則壓力會不斷累積，你的生活品質也會受到影響。

哈佛成人發展研究（Harvard Study of Adult Development）是有史以來時間最長也最全面的縱貫性研究之一，[5]讓一代又一代的研究者可以嘗試為一個基本問題找到決定性答案：什麼導致了健康而快樂的生活？這項研究始於一九三八年，追蹤大蕭條時期的兩百六十八名哈佛大二學生（全部是男性，因為當時哈佛大學不招收女學生），在研究持續的七十八年期間，追蹤對象最後擴大到一千三百名各行各業人士。研究者發現，除了擁有良好的人際關係外，健康與快樂的最佳預測指標之一（比社會階級、智商和遺傳因素更好）是在生活中擁有目標感，並將之傳給下一代。這並不令人意外：這就是那種「你祖母可能會告訴你的」的研究發現之一。但這也是為什麼以正確的方式焦慮，意味著將焦慮導向目標的部分原因。

當我兒子上七年級時，我問他焦慮這個詞會讓他想到什麼。他回答，「一個人在房間裡，壓力很大，也許有一堆功課做不完。」當我問我四年級的女兒同樣的問題時，她回答說，「當你覺得緊張，或你懷疑自己是不是辦得到時。比方像是你得在課堂上站起來回答老師的問題，或是在台上跳舞時。」他們的回答不只反映出他們的不同性格（他們的性格十分不同），更反映出一個事實：身為七年級和四年級學生，他們有不同的目標和關注。就像一個羅盤，焦慮向他們個別指出了真正的北方，他們獨特的目標——對凱維而言是應付新的學業要求，對南迪尼來說則是駕馭社會印象。

焦慮並不總是會指出目標。在強迫症中，焦慮驅動了如洗手、確認或尋求保證等強迫性行為的惡性循環，這些行為十分消耗精力。在行為當下，焦慮的感覺抑制了，但是這只是暫時性緩解而已——強烈的焦慮會回來，使得他們不得不再次執行強迫性行為。強迫性行為長期下來是行不通的，因為不是有意義、有效的行動。它們不會解決問題，幫助我們成長，或是處理焦慮的真實情況。因此，惡性循環仍在繼續。

然而，有用的焦慮與目的相綁。正如第二章中討論到的，那是因為焦慮根植於獎勵性腦迴路中，根植於多巴胺推動的動力中，使人面對挑戰及追求令人愉悅的事物時，能夠堅持不懈。焦慮不只促使人避免災難，也會促使人去追求滿足感、解脫感、希望、敬畏讚嘆、快樂及靈感。只有當你在乎時你才會焦慮，那麼焦慮把你指向哪裡？

焦慮將我指向我的目標：科學家和作家事業。如果沒有焦慮所激發的能力種種能力，包括無法澆熄的好奇心，孜孜不倦地追求研究謎題，像近藤麻理惠（Marie Kondo）一樣整理、製作一流的待辦事項清單，再加上一絲健康的頑固堅持以及對於細節的執著專注，我永遠不可能建立一個成功的研究實驗室。作為作家，焦慮也幫助很大，讓我有能力在二十次修正後仍持續改善手稿，也讓我了解到，當我的寫作能夠與我關心、給予我目標感的事物扣連時，才會表現最好。

我所謂的目標感不是指某種宏偉的願景或燃燒生命的使命。我指的是「使你成為你」的那些價值和優先事項。你可以運用喬佛瑞・科亨（Geoffrey Cohen）及大衛・雪曼（David Sherman）在史丹佛大學發展出一種稱為自我肯定（self-affirmation）技巧來自己探索這一點。[6]試試看吧。

自我肯定技巧探索

步驟1：請根據哪些領域反映了「使你成為你」並「使你自我感覺良好」，依照先後順序在括弧內填上1～11：

(　)藝術技巧及美學鑒賞力
(　)幽默感
(　)和朋友及家人的關係
(　)自發性及活在當下
(　)社交能力
(　)運動
(　)音樂能力及鑒賞力
(　)身體吸引力
(　)創造力
(　)事業及管理技能
(　)浪漫價值觀

步驟2：現在選擇前三名，寫下它們如何反映你以及你的人生目標。花幾分鐘探索每個領域。寫到你寫不出東西來為止，然後再多寫一點。

第一名：____________________

第二名：____________________

第三名：____________________

研究顯示，當人們花時間自我肯定、表達所珍視的東西及原因時，[7]他們的心情會變好，專注力和學習能力都會提升，人際關係會帶來更多滿足感，甚至身體也會變得更健康。這些好處可以持續數月或甚至持續數年。

當你將焦慮導向追求目標、將目標設定成優先事項時，焦慮就會變成勇氣。這時你會意識到，你可以對真正關心並珍視的事情感到焦慮，而且正是因為你關心所以你才會感到焦慮。這就是為何無論多麼困難你都會堅持下來的原因。焦慮會激發動力，釋放力量。焦慮的神奇之處在於，當你採取有意義而聰明的行動時，它就會自然而然地減弱了。當你不再需要它，焦慮就閃一邊去。

使我們有能力實現人生的各種目標便是焦慮存在的原因。無論是關於家庭、工作、嗜好或信仰社群，人們出於不同理由而追求各種目標——有些是因為他們相信自己應該這樣做，有些是因為那是他們所希望達成的理想。重要的是知道其中的區別，動機是「應然」還是「理想」，會影響你接下來的行動。

舉個例子，有兩個學生都以在課堂上拿到優等成績為目標。第一個學生想拿到優等，如果他辦到了，他會非常滿足。他的動機是朝著正面成就及成長的理想而努力。

相形之下，第二個學生認為拿到優等是種責任，他應該達成以符合個人標準，並討好其他人。他的動機是避免失敗及維持舒適的現狀。

這些學生的動機形塑了他們追求目標的方式。注重責任的那個學生會提高警覺、深思熟慮，會小心翼翼避免錯誤，嚴格地遵守所有課堂要求來避免失敗。然而，注重理想的那個學生更可能努力用功，而且努力超出期望，因為他渴望在求知和取得新成就的過程中，能超過指定的進度。你可以看見這兩種方法的好處，但你應該根據自己的價值觀決定選擇哪一條路。

哥倫比亞大學（Columbia University）的心理學教授E・希金斯（E. Tory Higgins），花了數十年來闡述及研究責任與理想如何影響動機與成就。[8]他發現，人們越是根據價值觀來追求目標，他們就越是投入，越是成功，而他們的感覺也就越好。強調理想的人會更飢渴、更廣泛地追求目標；而強調責任的人就會更警覺、更謹慎地追求目標。然而情況相反時，例如，當一個注重理想的人追求目標只是因為他或她「應該要」時，那個人的焦慮與苦惱就會增加。當你的想法與目標不一致時，情緒會讓你知道。

希金斯和他的同僚已多次向人們展示這些「符合」的好處。例如，在一項關於營養目標的研究中，進行實驗前，研究者調查了人們對於理想或責任的重視。[9]接著，研究者敦促他們吃更多的蔬菜水果，並解釋因為這樣做對健康有好處（理想者），或是因為不這樣做會付出健康上的代價（責任組）。當他們的動機與研究者給予的健康飲食理由吻合時，他們在接下來的一週中吃的蔬果量增加了百分之二十。希金斯和同僚也表明，動機與行為相符的好處，不只限於健康的食物，甚至會影響人們的購買行為、政治信念，以及對於是非的道德判斷。

你呢？你做一件事的動機是你覺得應該做，還是這是你的夢想？你可能發現每件事情的動機都不同，所以不要預設答案每次都一樣。你的焦慮可以幫助你搞清楚你真正的立場。

最近我發現當我掙扎於強烈焦慮中便是如此。我對丈夫在工作中遇到的非常可怕的事情感到焦慮，這甚至威脅到生計。我試著盡所能地支持他，但同時也努力在控制痛苦不安。

我很快意識到，讓焦慮加劇到彷彿是無法控制的窒息的原因，不僅是那個情況的威脅，而是我完全無法控制這件事——我無法採取任何行動，除了給予支持之外，我無法真正幫助到他。我的焦慮無處可去，因為我覺得自己好像沒有目標。

於是我改弦易轍，開始尋找目標。在這個例子裡，我想要的大部分東西都是由「責任」所驅使：我迫切希望避免災難、讓壞事遠離，事情回歸常軌。但那不是我可以直接達成的目標。也不符合我追求理想的天然動機。

於是我轉向那些一直都成功幫助我實現我熱切期待、希望追求的目標的事情。首先，我試著陪伴丈夫，給予無條件支持，同時從可以理解我們的朋友和家人身上尋求自己的情感支持。與所愛之人的關係給了我非常大的目標感和生命意義，成功地讓極度焦慮稍稍平息。

接著我運用了對我來說具有深刻意義的「寫作」。我寫下了關於該情況一切，從各個角度述說了這個故事：事件的逐一經過、丈夫的反應、我所有的想法和感覺。那不是篇很好的文章，甚至很糟，但寫得好不好並不是重點。寫出來使我能深刻挖掘感受、理解正在發生的事，並讓感覺起來像是一團混亂的東西有了形狀。寫作讓我能夠控制及利用焦慮，培養新的見解與新鮮的視角。寫作沒有改變什麼，或讓情況變得更好，但那是好幾天來，我第一次感覺自己有能力應付所面臨的一切。

這個例子說明了即便焦慮超出了我的承受能力，我依然找到一條以正確方式焦慮的路。但這也是一個特別的例子。因為我有所愛之人的支持，我的頭頂上有片遮風避雨的屋頂，以及我擁有能夠花時間在寫作上面的奢侈。

儘管我覺得失去控制，我的生活中仍然有許多面向是我能夠控制的。

但如果我遇到的是一場十分真實而持久的掙扎，而選項沒有那麼多呢？如果不確定性長期相伴，而目標感又不是那麼容易得到呢？那麼帶著焦慮做某件事、用它來追求目標的想法，還會有用嗎？

我想答案是肯定的，因為焦慮本身並不是負擔，它是確保我們不會放棄的禮物。它在很多時候很痛苦，但也讓我們能夠表達希望。只能感覺到憂鬱的人們感覺不到希望，甚至可能會放棄，但是感覺焦慮的人們仍然關心生命，還擁有自認為值得奮鬥的事物。如果他們將那種關心加諸於哪怕是最小的目標上，焦慮就會推動他們繼續前進。

▼拯救

我們生活在一個充滿理想與責任的世界中。焦慮是這段旅程的伙伴。在這一章，我已經說過我認為應該要做什麼，以及理想上可能做什麼，才能用正確的方式焦慮。但這不是件容易的事。改變從來都不容易，當與焦慮有關時也幾乎沒有一種正確的做事方式。多樣的可能性十分美妙，但也十分困難。但幸運的是，路上有些路標。

最大的一個路標是我們是否尊重焦慮，但不是喜歡它，也絕不是愛它。尊重焦慮意味著我們傾聽焦慮，搞清楚它是否有用，並優先用來考慮及追求目標。當目標與慶祝、敬畏、連結及創造力相關時，焦慮將大力推動喜悅的結局。焦慮已經準備好了，因為在我們的大腦、身體、心和思想的共同牽引下，自然演化成如此。

在你對生活所做的一切事物的底層（像是愛你的家人、錯過截止日期、在雜貨店購物、和死黨一起看足球賽、喝杯咖啡、彈鋼琴、在疫情下倖存、上健身房、滑水、對你的孩子尖叫、寫詩、旅行），是一股深深的焦慮暗流，一條強大、流速極快的河流，有漩渦及逆流，你可以從中汲取更大的能量、智慧、靈感、希望和實作知識。你會在這樣的一條河裡淹死嗎？會，但你也可以順流前進。

無論你處在焦慮光譜上的哪個位置，你都可以傾聽它，並相信這種有時令人恐懼的情緒其實是你的盟友。以這種方式看待焦慮需要一種感知上的轉變，就像我之前提到過的著名的魯賓之杯錯覺一樣，在你眼前花瓶突然變成了兩張人臉側影之間的空間。你看到哪一個呢？花瓶、人臉，還是兩者？

不要重新把焦慮想得中性無害，而是要像找回遺失的一段歷史，或是找回裝在衣櫥頂部盒子裡的被遺忘禮物一樣，重新將焦慮收回。焦慮跟任何真實的力量一樣有力，但也有它的弱點。透過這些弱點，你會找到最好、最真實的自己。

拯救焦慮，我們就拯救了自己。

寫作這本書是我做過最困難也最令人滿足的事情之一。唯一可比得上的經驗就是看著兒子接受先天性心臟病的治療，最後在四個月大時做了開心手術。我之所以這樣比較不是因為這本書就跟那件事一樣可怕（遠遠不是），而是因為每當我回顧這兩種經歷之一時，我發現我總會問自己同樣的問題，「我到底是怎麼辦到的？」而在這兩種情況中，答案都是：因為朋友們的慷慨幫助。

在我有幸可視之為朋友的傑出人士名單上，首先必須列出的是我的經紀人理查・派恩（Richard Pine）以及伊萊莎・羅斯坦（Eliza Rothstein），以及墨水瓶代理（InkWell）的全體人員。你們是最棒的。理查，感謝你的才華與風趣、你的友好，與正確率達到百分之九十二以上時間的洞察力。伊萊莎，你富有同情心地引領我度過了許多的起起伏伏，因你精闢的意見，使得這本書變得更好。你是我每一次的（不那麼祕密的）祕密武器。如果沒有你們倆，這一切就不可能實現。你們給了我機會，而我正在盡全力不把它搞砸。

然後是比爾・托內利（Bill Tonelli）——我的心理醫生、教授、顧問，以及最後但不是最不重要的，我的編輯。比爾，你獨一無二。你幫助我找到了自己的聲音。當我和巨大的想法搏鬥，覺得想要放棄戰鬥時，是你告訴我，「不要現在就放棄。」能跟你一起工作真的很幸運。

致凱倫・里納迪（Karen Rinaldi）以及哈潑衛夫出版社（Harper Wave）的整個團隊：感謝你們相信《高效焦慮法》這本書中的訊息，並以如此卓越及富有智慧的方式將其傳達給世界。能與您和出色的團隊並肩工作，是我的福份。

我的同事兼摯友查爾斯・普拉金（Charles Platkin）博士是我在這本書中的無聲伙伴。他是我所認識最才華洋溢、令人難忘的人之一，而且還是個超人。查理，謝謝你對我有信心。你的慷慨精神讓我的生活變得更加美好。

只有大吼才能表達我對芮詩瑪・紹嘉尼（Reshma Saujani）以及尼哈爾・梅塔（Nihal Mehta）的感謝——沒有比你們更棒的支持者和啦啦隊了。感謝你們堅定不移的友情，感謝你們成為了這樣了不起的人。你們不斷激勵我，從未懷疑我能做得到，也讓我從未懷疑過自己（幾乎啦）。

感謝我的朋友網絡，他們是我的家人，和我分享他們的想法與故事，讓我侃侃而談各種想法，無論是好是壞，耐心地傾聽我的天馬行空，以及至少二、三十次的電梯簡報。他們一路陪伴我，從未遠離：安雅・辛格爾頓（Anya Singleton）和麥克・艾倫斯（Mike Aarons）、里亞茲・帕特爾（Riaz Patel）和邁爾斯・安德魯斯（Myles Andrews）、金（Kim）和羅伯・卡瓦洛（Rob Cavallo）、雷伊（Raj）和蘿拉・亞敏（Laura Amin），以及尼娜（Nina）和羅姆・托馬斯（Rome Thomas）。我愛你們，每天都感謝你們。我也非常感激安潔拉・卡普蘭（Angela Cheng Kaplan），她以各種不可思議的方式改變了我和家人的生活——還給了我有關茶水間閒聊的出色建議。我正在努力，安潔拉！妳真了不起！

我對那些慷慨分享他們經驗與故事的人深表感激。史考特・帕拉辛斯基博士，因為以你的英雄主義及毅力的故事作為開篇，這本書得以提升。德魯・魏恩斯坦（Drew Sensue-Weinstein），感謝你教給我這麼多關於焦慮及創造力的知識。我希望你繼續和這個世界分享你的真知灼見。東邊中學（East Side Middle School，MS 114）的校長大衛・蓋茲（David Getz），以及亨特學院高中（Hunter College High School）的校長湯尼・費雪（Tony Fisher），像你們這樣的教育家十分難能可貴。我非常感激你們對於孩子們情感健康的奉獻與投入，並持續因你們傑出的學生而受到激勵。致所有和我在紐約市各學校談論過焦慮及情感健康議題的家長和老師們，包括全靈學校（All Souls School）、查賓學校（Chapin School）、學院學校（Collegiate School）、倫理文化菲爾德斯頓學校（Ethical Culture Fieldston School）以及休伊特學校（The Hewitt School）：每場談話都為我帶來了新的見解與收穫，謝謝你們。

在這本書的寫作過程中，我想了很多關於孩子們在經歷這個複雜的世界時感到的焦慮。也因此，我非常感激塑造孩子的童年生活和性格的人，尤其是孩子在學院和查賓學校有幸遇到的那些優秀老師（我要特別提到Z老師——艾蜜莉・褚威貝爾〔Emily Zweibel〕！）及行政人員。你們教會他們堅持不懈、在社群中找到力量、以智慧和好奇心提問，以及勇敢而正確地在世界上前行。我也非常感激學校中的家長社群。我可以信任你們會在那裡幫助我的孩子，我無法表達這件事對我有多大的意義，甚至超過了「需要集合全村之力才能養育一個孩子」的說法。如果沒有這樣的支持與連結，要讓焦慮發揮超能力就會難上許多。

我要特別感謝的是提姆・麥可亨利（Tim McHenry），他是曼哈頓魯賓藝術博物館的副執行長及總程式師，也是了不起的年度腦電波計畫系列的策展人，我在這裡遇到了帕拉辛斯基博士，以及其他許多精彩人物。提姆，你是我認識最有魅力的人之一，但也是極少數擁有深厚的仁慈與智慧的人。感謝你和團隊成為魯賓藝術博物館的核心靈魂。魯賓藝術博物館是顆文化瑰寶，我在那裡的經驗深刻影響了這本書的樣貌。坎蒂・張（Candy Chang）和詹姆士・李維斯（James Reeves），感謝你們創作了令人驚嘆、具有變革性的《焦慮與希望紀念碑》，它在魯賓藝術博物館生活與呼吸了許多個美妙的日子。你們的藝術在我和這本書上留下了不可磨滅的印記。

我很幸運擁有一個傑出的學術支援團隊，最值得提到的就是我在亨特學院「情緒調節實驗室」（The Emotion Regulation Lab）的學生和同事。沒有你們，我在這本書中提到的任何實驗就不可能完成，我很感激你們的聰明才智、堅持不懈與好奇心。還有那些和我交談及啟發我的學者們，即使他們可能沒有意識到這點。賽斯・波拉克（Seth Pollak）博士在他學術休假期間撥空談論青少年的情感生活。賽斯，在這個領域裡，像你這樣的人不多，感謝你為科學帶來了變革性的貢獻，以及你無限慷慨地分享知識。還要感謝我才華洋溢的合作者雷吉納・米蘭德（Regina Miranda）博士及葉卡特林納・李克提克（Ekatarina Likhtik）博士，我從她們的工作學到了很多。雷吉納，妳促使我用不同方式思考思想與感覺如何彼此交織，並讓道德成為我的科學的核心。卡特亞，你的創新研究對於我思考焦慮的方式是場革命。

妳教會我關於安全——以及安全如何比沒有威脅更為重要。我也十分感激我在紐約市立大學（The City University of New York，NYU）的同事，包括亨特學院心理學系、研究生中心（The Graduate Center）以及先進科學研究中心（Advanced Science Research Center）。感謝亨特學院院長珍妮佛・雷伯（Jennifer Raab）為發展與分享這本書中的想法提供了平台。我也想要感謝我在NYU藍恭醫學中心（Langone Health）的同事，包括利・查維特（Leigh Charvet）博士以及黃康彥（Keng-Yen Huang）博士。我在NYU藍恭醫學中心展開我的職業生涯，在那裡遇到長期合作伙伴艾美・羅伊（Amy Krain Roy）博士。艾美，在我有幸成為妳同事的這許多年裡，妳所分享的洞見與觀點深刻影響了我在這本書裡所寫的許多內容。

我是個情感科學家，我十分感激我長期的同事兼導師們。感謝我的死黨——保羅・哈斯汀斯（Paul Hastings）博士及克莉斯汀・巴斯（Kristin Buss）博士。發動政變和寫作專書讓我學到了很多。那些日子是我們的沙拉日。致我的研究生導師潘蜜拉・柯爾（Pamela M. Cole）博士。潘蜜拉，你教會了我所有情感都是禮物

（即使是把雙面刃時），以及文化和背景的重要性。我幸運地從這個領域的巨人那裡學習關於情感、兒童發展及焦慮症的知識，像是潘蜜拉，以及約瑟夫・坎波斯（Joseph Campos）博士、但丁・奇凱蒂（Dante Cicchetti）博士，以及湯姆・伯爾柯維克（Tom Borkovec）博士。你們的工作重新定義了我們如何理解情感危機、幸福感以及復原力，讓這世界變得更加美好。

我對數位科技及焦慮的研究受到同事們的強烈影響，莎拉・邁魯斯基（Sarah Myruski）博士是我認識最聰明的人之一，克莉絲汀・巴斯博士（再次感謝），柯雷里・佩雷茲－艾德加（Koraly Pérez-Edgar）博士，以及賓州州立大學（Pennsylvania State University）的許多出色研究人員。我也要感謝黛安・索耶（Diane Sawyer）、克萊兒・魏恩勞布（Claire Weinraub）以及優秀的美國廣播公司（ABC）螢幕時間特別節目（Screentime Special）背後的團隊對這項研究工作的特別介紹。我也從我在數位幸福領域的同事獲得許多的收穫——尤其是金・卡瓦洛（Kim Anenberg Cavallo）以及全國斷網斷電日（National Day of Unplugging）的團隊，提奧多拉・

帕夫科維奇（Teodora Pavkovic）、安德魯・拉希耶（Andrew Rasidj）以及米卡・昔弗瑞（Micah Sifry）。你們明白，當科技變得更為人性化時，我們都是贏家。

家庭見證了我的成長。媽媽和約翰，謝謝你們的愛與支持，謝謝你們成為超人祖父母。我們很幸運有你們相伴。貝絲阿姨，我的教母，我想你從來猜不到妳如何影響了我，包括讓我覺得當個書呆子變成一件很酷的事。致貝海瑞斯家（the Beharrys）——你們全部人！你們給了我和孩子一個部落，在這裡永遠就像回到了家。我要謝謝西塔・西瑞羅爾（Seeta Heeralall），我的得力助手，感謝你多年來一直是我們家庭的核心。然後是凱蒂（Katie）與羅伯・亞當斯（Rob Adams）。你們是最棒的。丹・蘇密特（Den Summit），妳對我而言不僅僅是個姐妹。丹多年來幫助我度過了一些困難時期，妳的見解與看法一直幫助我改變這本書（以及大多數其他事情）的方向，讓它們變得更好。還有史卓（Straw），你為我們的家帶來了許多的心與光。謝謝你成為我的兄弟。

致諾奇（Noci）：在我寫作這本書的這些年，你是我最堅定不移的同伴。感謝你始終不渝的忠誠，你令人安定的存在，以及你體己的愛。在我們的散步時間裡，我澄清了思緒，並擁有許多靈光乍現的時刻。

致凱維及南迪尼：對我而言，你們存在於這世界上，就讓一切都變得更好，更美麗、更有希望。你們也許有點惱怒自己出現在這本書裡（我希望不會），但事實是，你們必須出現在這本書裡，因為你們一直在教導我。我深愛著你們。

寫作這本書是趟一生難得的旅程。感謝你，我親愛的丈夫及生命伴侶維偉克・蒂瓦里（Vivek J. Tiwary），對於這本書的寫作及我生命中的一切，你給予我的愛與支持遠超出我所求所想。你是我的磐石。你藉由成為你自己讓我相信凡事皆有可能。我愛你，船長。

最後，致我們的河豚：你具體而微地體現了焦慮的精神。我們愛你，因為我們可以看見你正經歷著一些事情（就像我們所有人一樣）。繼續游吧，我的朋友。

序言

1. "Whoever has learned": Søren Kierkegaard, *The Concept of Anxiety: A Simple Psychologically Oriented Deliberation in View of the Dogmatic Problem of Hereditary Sin*, translated by Alastair Hannay (New York: W. W. Norton, 2014), 189.

1 焦慮是什麼與不是什麼

1. Ronald C. Kessler and Philip S. Wang, "The Descriptive Epidemiology of Commonly Occurring Mental Disorders in the United States," *Annual Review of Public Health* 29, no. 1 (2008): 115–29, doi:10.1146/annurev.publ health.29.020907.090847.
2. "Mental Illness," National Institute of Mental Health, https://www.nimh.nih.gov/

health/statistics/mental illness.

3. *Diagnostic and Statistical Manual of Mental Disorders (DSM-5)* (Arlington, VA: American Psychiatric Association, 2017).

4. Clemens Kirschbaum, Karl-Martin Pirke, and Dirk H. Hellhammer, "The 'Trier Social Stress Test'—a Tool for Investigating Psychobiological Stress Responses in a Laboratory Setting," *Neuropsychobiology* 28, nos. 1–2 (1993): 76–81, doi:10.1159/000119004.

5. Jeremy P. Jamieson, Matthew K. Nock, and Wendy Berry Mendes, "Changing the Conceptualization of Stress in Social Anxiety Disorder," *Clinical Psychological Science* 1, no. 4 (2013): 363–74, doi:10.1177/2167702613482119.

2 焦慮存在的原因

1. Charles Darwin, *The Expression of the Emotions in Man and Animals, Anniversary Edition,*

4th ed. (Oxford, UK: Oxford University Press, 2009).

2. Charles Darwin, *On the Origin of Species*, vol. 5 of *The Evolution Debate, 1813–1870*, edited by David Knight (London: Routledge, 2003).

3. Charles Darwin, *The Descent of Man, and Selection in Relation to Sex*, vol. 22 of *The Works of Charles Darwin*, edited by Paul H. Barrett (London: Routledge, 1992).

4. Darwin, *The Expression of the Emotions in Man and Animals*, 29.

5. Ibid., 81.

6. Joseph J. Campos, Alan Langer, and Alice Krowitz, "Cardiac Responses on the Visual Cliff in Pre- locomotor Human Infants," *Science* 170, no. 3954 (1970): 196–97, doi:10.1126/science.170.3954.196.

7. James F. Sorce et al., "Maternal Emotional Signaling: Its Effect on the Visual Cliff Behavior of 1-Year-Olds," *Developmental Psychology* 21, no. 1 (1985): 195–200, doi:10.1037/0012-1649.21.1.195.

8. Karen C. Barrett and Joseph J. Campos, "Perspectives on Emotional Development II: A Functionalist Approach to Emotions," in *Handbook of Infant Development*, 2nd ed., edited by Joy D. Osofsky (New York: John Wiley & Sons, 1987), 555–78; Dacher Keltner and James J. Gross, "Functional Accounts of Emotions," *Cognition & Emotion* 13, no. 5 (1999): 467–80, doi: 10.1080/026999399379140.

9. Nico H. Frijda, *The Emotions* (Cam- bridge, UK: Cambridge University Press, 2001).

10. Darwin, *The Expression of the Emotions in Man and Animals*, 240.

11. https://www.ncbi.nlm.nih.gov/pmc/articles /PMC3181681/

12. Joseph LeDoux and Nathaniel D. Daw, "Surviving Threats: Neural Circuit and Computational Implications of a New Taxonomy of Defensive Behaviour," *Nature Reviews Neuroscience* 19, no. 5 (2018): 269–82, doi:10.1038/nrn.2018.22.

13. Yair Bar-Haim et al., "Threat-Related Attentional Bias in Anxious and Nonanxious Individuals: A Meta-Analytic Study," *Psychological Bulletin* 133, no. 1 (2007): 1–24,

doi:10.1037/0033 -2909.133.1.1; Colin MacLeod, Andrew Mathews, and Philip Tata, "Attentional Bias in Emotional Disorders," *Journal of Abnormal Psychology* 95, no. 1 (1986): 15–20, doi:10.1037/0021-843x.95.1.15.

14. Tracy A. Dennis-Tiwary et al., "Heterogeneity of the Anxiety-Related Attention Bias: A Review and Working Model for Future Research," *Clinical Psychological Science* 7, no. 5 (2019): 879–99, doi:10.1177/2167702619838474.

15. James A. Coan, Hillary S. Schaefer, and Richard J. Davidson, "Lending a Hand," *Psychological Science* 17, no. 12 (2006): 1032–39, doi:10.1111/j.1467-9280.2006.01832.x.

16. Harry F. Harlow and Stephen J. Suomi, "Induced Psychopathology in Monkeys," *Caltech Magazine*, 33, no. 6 (1970): 8–14, https://resolver.caltech.edu/CaltechES:33.6.monkeys.

3 焦慮未來式：選擇屬於你自己的冒險

1. Thomas Hobbes, *Leviathan*, edited by Marshall Missner, Longman Library of Primary Sources in Philoso- phy (New York: Routledge, 2008 [1651]).
2. David Dunning and Amber L. Story, "Depression, Realism, and the Overconfidence Effect: Are the Sadder Wiser When Predicting Future Actions and Events?," *Journal of Personality and Social Psychology* 61, no. 4 (1991): 521–32, doi:10.1037/0022-3514.61.4.521.
3. Gabriele Oettingen, Doris Mayer, and Sam Portnow, "Pleasure Now, Pain Later," *Psychological Science* 27, no. 3 (2016): 345–53, doi:10.1177/0956797615620783.
4. Birgit Kleim et al., "Reduced Spec- ificity in Episodic Future Thinking in Posttraumatic Stress Dis- order," *Clinical Psychological Science* 2, no. 2 (2013): 165–73, doi:10.1177/2167702613495199.
5. Adam D. Brown et al., "Over-generalized Autobiographical Memory and Future

Thinking in Combat Veterans with Posttraumatic Stress Disorder," *Journal of Behavior Therapy and Experimental Psychiatry* 44, no. 1 (2013): 129–34, doi:10.1016/j.jbtep.2011.11.004.

6. Susan M. Andersen, "The Inevitability of Future Suffering: The Role of Depressive Predictive Certainty in Depression," *Social Cognition* 8, no. 2 (1990): 203–28, doi:10.1521/soco .1990.8.2.203.

7. Regina Miranda and Douglas S. Mennin, "Depression, Generalized Anxiety Disorder, and Certainty in Pessimistic Predictions About the Future," *Cognitive Therapy and Research* 31, no. 1 (2007): 71–82, doi:10.1007/s10608-006-9063-4.

8. Joanna Sargalska, Regina Miranda, and Brett Marroquín, "Being Certain About an Absence of the Positive: Specificity in Relation to Hopelessness and Suicidal Ideation," *International Journal of Cognitive Therapy* 4, no. 1 (2011): 104–16, doi:10.1521/ijct.2011.4.1.104.

9. Laura L. Carstensen, "The Influence of a Sense of Time on Human Development," *Science* 312, no. 5782 (2006): 1913–15, doi:10.1126/science.1127488.

10. Jordi Quoidbach, Alex M. Wood, and Michel Hansenne, "Back to the Future: The Effect of Daily Practice of Mental Time Travel into the Future on Happiness and Anxiety," *Journal of Positive Psychology* 4, no. 5 (2009): 349–55, doi:10.1080/17439760902992365.

11. Ellen J. Langer, "The Illusion of Control," *Journal of Personality and Social Psychology* 32, no. 2 (1975): 311–28, doi:10.1037/0022-3514.32.2.311.

12. Lyn Y. Abramson, Martin E. Seligman, and John D. Teasdale, "Learned Helplessness in Humans: Critique and Reformulation," *Journal of Abnormal Psychology* 87, no. 1 (1978): 49–74, doi:10.1037/0021-843x.87.1.49.

13. David York et al., "Effects of Worry and Somatic Anxiety Induction on Thoughts, Emotion and Physiological Activity," *Behaviour Research and Therapy* 25, no. 6 (1987):

523–26, doi:10.1016/0005-7967(87)90060-x.

14. Ayelet Meron Ruscio and T. D. Borkovec, "Experience and Appraisal of Worry Among High Worriers with and Without Generalized Anxiety Disorder," *Behaviour Research and Therapy* 42, no. 12 (2004): 1469–82, doi:10.1016/j. brat.2003.10.007.

4 把焦慮當成疾病的故事

1. Dante Alighieri, *The Divine Comedy of Dante Alighieri*, translated by Robert Hollander and Jean Hollander (New York: Anchor, 2002).

2. Democritus Junior [Robert Bur- ton], *The Anatomy of Melancholy*, 8th ed. (Philadelphia: J. W. Moore, 1857 [1621]), https://books.google.com/books?id=jTwJAAAAIAAJ.

3. bid., 163–64.

4. Sigmund Freud, *The Problem of Anxiety*, translated by Henry Alden Bunker (New

York: Psychoanalytic Quarterly Press, 1936), https://books.google.com/books?id=uOh8CgAAQ BAJ.

5. W. H. Auden, *The Age of Anxiety: A Baroque Eclogue* (New York: Random House, 1947).

6. Sigmund Freud, "Analysis of a Phobia in a Five-Year-Old Boy," in *Two Case Histories ("Little Hans" and the "Rat Man")*, vol. 10 of *The Standard Edition of the Complete Psychological Works of Sigmund Freud* (London: Hogarth Press, 1909), 1–150.

7. Sigmund Freud, "Notes upon a Case of Obsessional Neurosis," in Freud, *Two Case Histories ("Little Hans" and the "Rat Man")*, 151–318.

8. *Diagnostic and Statistical Manual of Mental Disorders (DSM-5)* (Arlington, VA: American Psychiatric Association, 2017).

9. Kurt Lewin, *Resolving Social Conflicts, Selected Papers on Group Dynamics 1935–1946* (New York: Harper, 1948).

10. Judith Shulevitz, "In College and Hiding from Scary Ideas," *New York Times*, March

21, 2015, https://www.nytimes.com/2015/03/22/opinion/sunday/judith-shulevitz-hiding-from-scary-ideas.html.

11. Guy A. Boysen et al., "Trigger Warning Efficacy: The Impact of Warnings on Affect, Attitudes, and Learning," *Scholarship of Teaching and Learning in Psychology* 7, no. 1 (2021): 39– 52, doi:10.1037/stl0000150.

12. Benjamin W. Bellet, Payton J. Jones, and Richard J. McNally, "Trigger Warning: Empirical Evidence Ahead," *Journal of Behavior Therapy and Experimental Psychiatry* 61 (2018): 134–41, doi:10.1016/j.jbtep.2018.07.002.

5 舒服地麻木

1. *The Age of Anxiety*: W. H. Auden, *The Age of Anxiety: A Baroque Eclogue* (New York: Random House, 1947).

2. Jeannette Y. Wick, "The History of Benzodiazepines," *Consultant Pharmacist* 28, no. 9 (2013): 538–48, doi:10.4140/tcp.n.2013.538.

3. benzodiazepines were number one: Ibid.

4. "Leo Sternbach: Valium: The Father of Mother's Little Helpers," *U.S. News & World Report*, December 27, 1999.

5. "Overdose Death Rates," National Institute on Drug Abuse, January 29, 2021, https://www.drugabuse.gov/drug-topics/trends-statistics/overdose-death-rates.

6. Ibid.

7. "Understanding the Epidemic," Centers for Disease Control and Prevention, March 17, 2021, https://www.cdc.gov/opioids/basics/epidemic.html.

8. "Overdose Death Rates," National Institute on Drug Abuse.

9. Barry Meier, "Origins of an Epidemic: Purdue Pharma Knew Its Opioids Were Widely Abused," *New York Times*, May 29, 2018, https://www.nytimes.com/2018/05/29/

health /purdue-opioids-oxycontin.html.

10. “Mental Illness,” National Institute of Mental Health, https://www .nimh.nih.gov/health/statistics/mental-illness.

11. Juliana Menasce Horowitz and Nikki Graf, “Most U.S. Teens See Anxiety and Depression as a Major Problem Among Their Peers,” Pew Research Center, February 20, 2019, https://www.pewresearch.org/social-trends/2019/02/20/most-u-s-teens-see-anxiety-and-depression-as-a-major-problem-among -their-peers/.

12. Angel Diaz, “Bars: The Addictive Relationship with Xanax & Hip Hop | Complex News Presents,” Complex, May 28, 2019, https://www.complex.com/music/2019/05/bars-the-addictive-relationship-between-xanax-and-hip-hop.

1. Ingibjorg Eva Thorisdottir et al., "Active and Passive Social Media Use and Symptoms of Anxiety and Depressed Mood Among Icelandic Adolescents," *Cyberpsychology, Behavior, and Social Networking* 22, no. 8 (2019): 535–42, doi:10.1089/cyber.2019.0079.

2. Kevin Wise, Saleem Alhabash, and Hyojung Park, "Emotional Responses During Social Information Seeking on Facebook," *Cyberpsychology, Behavior, and Social Networking* 13, no. 5 (2010): 555–62, doi:10.1089/cyber.2009.0365.

3. Ibid.

4. Carmen Russoniello, Kevin O'Brien, and J. M. Parks, "The Effectiveness of Casual Video Games in Im- proving Mood and Decreasing Stress," *Journal of Cyber Therapy and Rehabilitation* 2, no. 1 (2009): 53–66.

5. Wise et al., "Emotional Responses During Social Information Seeking on Facebook."

6. Maneesh Juneja, "Being Human," Maneesh Juneja, May 23, 2017, https://

maneeshjuneja.com/blog/2017/5/23/being-human.

7. James A. Coan, Hillary S. Schaefer, and Richard J. Davidson, "Lending a Hand," *Psychological Science* 17, no. 12 (2006): 1032–39, doi:10.1111/j.1467-9280.2006.01832.x.

8. Leslie J. Seltzer et al., "Instant Messages vs. Speech: Hormones and Why We Still Need to Hear Each Other," *Evolution and Human Behavior* 33, no. 1 (2012): 42–45, doi:10.1016/j .evolhumbehav.2011.05.004.

9. M. Tomasello, *A Natural History of Human Thinking* (Cambridge, MA: Harvard University Press, 2014).

10. Sarah Myruski et al., "Digital Disruption? Maternal Mobile Device Use Is Related to Infant Social-Emotional Functioning," *Developmental Science* 21, no. 4 (2017), doi:10.1111 /desc.12610.

11. Kimberly Marynowski, "Effectiveness of a Novel Paradigm Examining the Impact of

Phubbing on Attention and Mood," April 21, 2021, CUNY Academic Works, https://academic works.cuny.edu/hc_sas_etds/714.

12. Anya Kamenetz, "Teen Girls and Their Moms Get Candid About Phones and Social Media," NPR, December 17, 2018, https://www.npr.org/2018/12/17/672976298/teen-girls -and-their-moms-get-candid-about-phones-and-social-media.

13. Jean M. Twenge et al., "Increases in Depressive Symptoms, Suicide-Related Outcomes, and Suicide Rates Among U.S. Adolescents After 2010 and Links to Increased New Media Screen Time," *Clinical Psychological Science* 6, no. 1 (2017): 3–17, doi:10.1177/2167702617723376.

14. Amy Orben and Andrew K. Przybylski, "The Association Between Adolescent Well-Being and Digital Technology Use," *Nature Human Behaviour* 3, no. 2 (2019): 173–82, doi:10.1038 /s41562-018-0506-1.

15. Sarah M. Coyne et al., "Does Time Spent Us- ing Social Media Impact Mental

Health?: An Eight Year Longitudinal Study," *Computers in Human Behavior* 104 (2020): 106160, doi:10.1016/j.chb.2019.106160.

16. .Seltzer et al., "Instant Messages vs. Speech: Hormones and Why We Still Need to Hear Each Other."

17. Tracy A. Dennis-Tiwary, "Taking Away the Phones Won't Solve Our Teenagers' Problems," *New York Times*, July 14, 2018, https://www.nytimes.com/2018/07/14/opinion /sunday/smartphone-addiction-teenagers-stress.html.

7 焦慮的推動器：不確定性

1. John Allen Paulos, *A Mathematician Plays the Stock Market* (New York: Basic Books, 2003).

2. Jacob B. Hirsh and Michael Inzlicht, "The Devil You Know: Neuroticism Predicts

Neural Response to Uncertainty," *Psychological Science* 19, no. 10 (2008): 962–67, doi:10.1111/j.1467 -9280.2008.02183.x.

3. Sally S. Dickerson and Margaret E. Kemeny, "Acute Stressors and Cortisol Responses: A Theoretical Integration and Synthesis of Laboratory Research," *Psychological Bulletin* 130, no. 3 (2004): 355–91, doi:10.1037/0033-2909.130.3.355.

4. Erick J. Paul et al., "Neural Networks Underlying the Metacognitive Uncertainty Response," *Cortex* 71 (2015): 306–22, doi:10.1016/j.cortex.2015.07.028.

5. Orah R. Burack and Margie E. Lachman, "The Effects of List-Making on Recall in Young and Elderly Adults," *Journals of Gerontology: Series B: Psychological Sciences and Social Sciences* 51B, no. 4 (1996): 226–33, doi:10.1093/geronb/51b.4.p226.

6. David DeSteno, "Social Emotions and Intertemporal Choice: 'Hot' Mechanisms for Building Social and Economic Capital," *Current Directions in Psychological Science* 18, no. 5 (2009): 280–84, doi:10.1111/j.1467-8721.2009.01652.x.

7. Leah Dickens and David DeSteno, "The Grateful Are Patient: Heightened Daily Gratitude Is Associated with Attenuated Temporal Discounting," *Emotion* 16, no. 4 (2016): 421–25, doi:10.1037/emo0000176.

8. Marjolein Barendse et al., "Longitudinal Change in Adolescent Depression and Anxiety Symptoms from Before to During the COVID-19 Pandemic: A Collaborative of 12 Samples from 3 Countries," April 13, 2021, doi:10.31234/osf.io/hn7us.

9. Polly Waite et al., "How Did the Mental Health of Children and Adolescents Change During Early Lockdown During the COVID-19 Pandemic in the UK?," February 4, 2021, doi:10.31234/osf.io/t8rfx.

8 激發創造力

1. Rollo May, *The Meaning of Anxiety* (New York: W. W. Norton, 1977), 370.
2. Matthijs Baas et al., "Personality and Creativity: The Dual Pathway to Creativity Model and a Research Agenda," *Social and Personality Psychology Compass* 7, no. 10 (2013): 732–48, doi:10.1111/spc3.12062.
3. Carsten K. De Dreu, Matthijs Baas, and Bernard A. Nijstad, "Hedonic Tone and Activation Level in the Mood-Creativity Link: Toward a Dual Pathway to Creativity Model," *Journal of Personality and Social Psychology* 94, no. 5 (2008): 739–56, doi:10.1037/0022- 3514.94.5.739.
4. Thomas Curran et al., "A Test of Social Learning and Parent Socialization Perspectives on the Development of Perfectionism," *Personality and Individual Differences* 160 (2020): 109925, doi:10.1016/j.paid.2020.109925.
5. Patrick Gaudreau, "On the Distinction Between Personal Standards Perfectionism and Excellencism: A Theory Elaboration and Research Agenda," *Perspectives on*

Psychological Science 14, no. 2 (2018): 197–215, doi:10.1177/1745691618797940.

6. Ibid.

7. Diego Blum and Heinz Holling, "Spearman's Law of Diminishing Returns. A Meta-Analysis," *Intelligence* 65 (2017): 60–66, doi:10.1016/j.intell.2017.07.004.

8. Patrick Gaudreau and Amanda Thompson, "Testing a 2×2 Model of Dispositional Perfectionism," *Personality and Individual Differences* 48, no. 5 (2010): 532– 37, doi:10.1016/j.paid.2009.11.031.

9. Joachim Stoeber, "Perfectionism, Efficiency, and Response Bias in Proof-Reading Performance: Extension and Replication," *Personality and Individual Differences* 50, no. 3 (2011): 426–29, doi:10.1016/j.paid.2010.10.021.

10. Benjamin Wigert, et al., "Perfection- ism: The Good, the Bad, and the Creative," *Journal of Research in Personality* 46, no. 6 (2012): 775–79, doi:10.1016/j.jrp.2012.08.007.

11. Ibid.

12. A. Madan et al., "Beyond Rose Colored Glasses: The Adaptive Role of Depressive and Anxious Symptoms Among Individuals with Heart Failure Who Were Evaluated for Transplantation," *Clinical Transplantation* 26, no. 3 (2012), doi: 10.1111/j.1399-0012.2012.01613.x.

13. Søren Kierkegaard, *The Concept of Anxiety: A Simple Psychologically Oriented Deliberation in View of the Dogmatic Problem of Hereditary Sin*, translated by Alastair Hannay (New York: W. W. Norton, 2014).

9 孩子們並不脆弱

1. Rainer Maria Rilke, *Letters to a Young Poet*, translated by Stephen Mitchell (New York: Vintage Books, 1984), 110.

2. "Mental Illness," National Institute of Mental Health, https://www.nimh.nih.gov/health/statistics/mental-illness.

3. Juliana Menasce Horowitz and Nikki Graf, "Most U.S. Teens See Anxiety, Depression as Major Problems," Pew Research Center, February 20, 2019, https://www.pewresearch.org/social-trends/2019/02/20/most-u-s-teens-see -anxiety-and-depression-as-a-major-problem-among-their-peers/.

4. Nassim Nicholas Taleb, *Antifragile: Things That Gain from Disorder* (New York: Random House, 2016), 3.

5. Eli R. Lebowitz et al., "Parent-Based Treatment as Efficacious as Cognitive-Behavioral Therapy for Childhood Anxiety: A Randomized Noninferiority Study of Supportive Parenting for Anxious Childhood Emotions," *Journal of the American Academy of Child & Adolescent Psychiatry* 59, no. 3 (2020): 362–72, doi:10.1016/j.jaac.2019.02.014.

6. Howard Peter Chudacoff, *Children at Play: An American History* (New York: New York University Press, 2008). 170 snowplow parents: Claire Cain Miller and Jonah E. Bromwich, "How Parents Are Robbing Their Children of Adulthood," *New York Times*, March 16, 2019, https://www.nytimes.com/2019/03/16 /style/snowplow-parenting-scandal.html.
7. The Editorial Board, "Turns Out There's a Proper Way to Buy Your Kid a College Slot," *New York Times*, March 12, 2019, https://www.nytimes.com/2019/03/12 / opinion/editorials/college-bribery-scandal-admissions.html.
8. Kerstin Konrad, Christine Firk, and Peter J. Uhlhaas, 2013. "Brain Development During Adolescence: Neuroscientific Insights into This Developmental Period," *Deutsches Ärzteblatt International*, 110, no. 25 (2013): 425–31, doi:10.3238/ arztebl.2013.0425.
9. P. Shaw et al., 2006. "Intellectual Ability and Cortical Development in Children and

Adolescents," *Nature* 440, no. 7084 (2006): 676–79, doi:10.1038/nature04513.

10. Margo Gardner and Laurence Steinberg, "Peer Influence on Risk Taking, Risk Preference, and Risky Decision Making in Adolescence and Adulthood: An Experimental Study," *Develop- mental Psychology* 41, no. 4 (2005): 625–35, doi:10.1037/0012 -1649.41.4.625.

11. Pasko Rakic et al., "Concurrent Overproduction of Synapses in Diverse Regions of the Primate Cerebral Cortex," *Science* 232, no. 4747 (1986): 232–35, doi:10.1126/ science .3952506.

12. Colleen C. Hawkins, Helen M. Watt, and Kenneth E. Sinclair, "Psychometric Properties of the Frost Multidimensional Perfectionism Scale with Australian Adolescent Girls," *Educational and Psychological Measurement* 66, no. 6 (2006): 1001–22, doi:10.1177/0013164405285909.

13. Keith C. Herman et al., "Developmental Origins of Perfectionism among African

American Youth," *Journal of Counseling Psychology* 58, no. 3 (2011): 321–34, doi:10.1037/a0023108.

14. Curran et al., "A Test of Social Learning and Parent Socialization Perspectives on the Development of Perfectionism."

15. Brittany N. Anderson and Jillian A. Martin, "What K-12 Teachers Need to Know About Teaching Gifted Black Girls Battling Perfectionism and Stereotype Threat," *Gifted Child Today* 41, no. 3 (2018): 117–24, doi:10.1177/1076217518768 339.

16. Civil Rights Data Collection. https:// ocrdata.ed.gov/DataAnalysisTools/DataSetBuilder?Report=7.

17. "2016 College-Bound Seniors Total Group Profile Report," College Board, https://secure-media.collegeboard.org/digitalServices/pdf/sat/total-group-2016.pdf.

18. Gijsbert Stoet and David C. Geary, "The Gender- Equality Paradox in Science, Technology, Engineering, and Mathematics Education," *Psychological Science* 29, no.

4 (2018): 581–93, doi:10.1177/0956797617741719.

19. Campbell Leaper and Rebecca S. Bigler, "Gendered Language and Sexist Thought," *Monographs of the Society for Research in Child Development* 69, no. 1 (2004): 128–42, doi:10.1111/j.1540-5834.2004.06901012.x.

20. Tara Sophia Mohr, "Why Women Don't Apply for Jobs Unless They're 100% Qualified," *Harvard Business Review*, August 25, 2014, https://hbr.org/2014/08/why-women-dont-apply-for-jobs-unless-theyre-100-qualified.

21. Elizabeth M. Planalp et al., "The Infant Version of the Laboratory Temperament Assessment Battery (Lab-TAB): Measurement Properties and Implications for Concepts of Temper- ament," *Frontiers in Psychology* 8 (2017), doi:10.3389/fpsyg.2017 .00846.

10 以正確的方式焦慮

1. Søren Kierkegaard, *The Concept of Anxiety: A Simple Psychologically Oriented Deliberation in View of the Dogmatic Problem of Hereditary Sin*, translated by Alastair Hannay (New York: W. W. Norton, 2014, [1884]).
2. Jeremy P. Jamieson, Matthew K. Nock, and Wendy Berry Mendes, "Changing the Conceptualization of Stress in Social Anxiety Disorder," *Clinical Psychological Science* 1, no. 4 (2013): 363–74, doi:10.1177/2167702613482119.
3. Brandon A. Kohrt and Daniel J. Hruschka, "Nepali Concepts of Psychological Trauma: The Role of Idioms of Distress, Ethnopsychology and Ethnophysiology in Allevi- ating Suffering and Preventing Stigma," *Culture, Medicine, and Psychiatry* 34, no. 2 (2010): 322–52, doi:10.1007/s11013-010-9170-2.
4. Marcus E. Raichle, "The Brain's De- fault Mode Network," *Annual Review of Neuroscience* 38, no. 1 (2015): 433–47, doi:10.1146/annurev-neuro-071013-014030.

5. Harvard Study of Adult Development: “Harvard Second Generation Study,” Harvard Medical School, https://www.adultdevelopment study.org/.

6. Geoffrey L. Cohen and David K. Sherman, “The Psychology of Change: Self-Affirmation and Social Psycho- logical Intervention,” *Annual Review of Psychology* 65, no. 1 (2014): 333–71, doi:10.1146/annurev-psych-010213-115137.

7. Ibid.

8. E. Tory Higgins, “Self-Discrepancy: A Theory Relating Self and Affect,” *Psychological Review* 94, no. 3 (1987): 319–40, doi:10.1037/0033-295x.94.3.319.

9. Scott Spiegel, Heidi Grant-Pillow, and E. Tory Higgins, “How Regulatory Fit Enhances Motivational Strength During Goal Pursuit,” *European Journal of Social Psychology* 34, no. 1 (2004): 39–54, doi:10.1002/ejsp.180.

Ciel

高效焦慮法

讓焦慮啟發正念思維，重置你的人生推進器

Future Tense: Why Anxiety Is Good for You (Even Though It Feels Bad)

作　　者 — 崔西．丹尼斯－蒂瓦里（Tracy Dennis-Tiwary）
譯　　者 — 洪慈敏、陳雅馨
發 行 人 — 王春申
審書顧問 — 陳建守
總 編 輯 — 張曉蕊
責任編輯 — 陳怡潔
封面設計 — 萬勝安
內頁設計 — 林曉涵
版　　權 — 翁靜如
營 業 部 — 張家舜、謝宜華、王建棠
出版發行 — 臺灣商務印書館股份有限公司
23141 新北市新店區民權路 108-3 號 5 樓（同門市地址）
電話：(02)8667-3712　傳真：(02)8667-3709　讀者服務專線：0800056193
郵撥：0000165-1　E-mail：ecptw@cptw.com.tw
網路書店網址：www.cptw.com.tw　Facebook：facebook.com.tw/ecptw

局版北市業字第 993 號
初　　版：2023 年 2 月
印 刷 廠：沈氏藝術印刷股份有限公司
定　　價：新台幣 420 元

法律顧問 — 何一芃律師事務所

國家圖書館出版品預行編目 (CIP) 資料

高效焦慮法：讓焦慮啟發正念思維,重置你的人生推進器/崔西.丹尼斯-蒂瓦里(Tracy Dennis-Tiwary)著；洪慈敏, 陳雅馨譯. -- 初版. -- 新北市：臺灣商務印書館股份有限公司, 2023.02
面；　公分. -- (Ciel)
譯自：Future tense : why anxiety is good for you (even though it feels bad)
ISBN 978-957-05-3474-0(平裝)

1.CST: 焦慮

176.527　111021212